Agustín Moreto y Cabaña

El lindo don Diego

Barcelona **2024**
Linkgua-ediciones.com

Créditos

Título original: El lindo don Diego.

© 2024, Red ediciones S.L.

e-mail: info@linkgua.com

Diseño de cubierta: Michel Mallard.

ISBN tapa dura: 978-84-1126-292-7.
ISBN rústica: 978-84-9816-043-7.
ISBN ebook: 978-84-9897-060-9.

Sumario

Brevísima presentación

La vida

Agustín Moreto y Cabaña. (Madrid, 1618-Toledo, 1669). España. Sus padres eran italianos. Fue capellán del arzobispo de Toledo y tuvo una vida tranquila. Alcanzó una notable popularidad en los siglos XVII y XVIII. Escribió comedias de carácter religioso, tradición histórica y costumbres. La edición completa de sus obras se publicó en tres partes en los años 1654, 1676 y 1681.

El lindo don Diego, fue publicada 1662 y reimpresa en la *Segunda parte de las comedias* (1676). Esta comedia presenta a don Juan, ofuscado ante el matrimonio de su amada doña Inés con don Diego, hombre majadero y presuntuoso. Al final don Juan engaña a don Diego diciendo que la sirvienta de la familia es una condesa y tras varios enredos don Juan se casa con doña Inés; don Mendo con doña Leonor; «Mosquito» con la sirvienta; mientras don Diego se queda solo.

Personajes

Personas que hablan en ella:
Don Tello, viejo
Don Juan, galán
Don Diego, galán lindo
Don Mendo, galán
Doña Inés, dama
Doña Leonor, dama
Mosquito, gracioso
Beatriz, criada
Lope, criado
Martín, criado
Una Criada

Jornada primera

(Salen don Tello, viejo, y don Juan, galán.)

Tello   Quiera Dios, señor don Juan,
que volváis muy felizmente.

Juan   Breves los días de ausente,
señor don Tello, serán;
    pues llegar de aquí a Granada
ha de ser mi detención.

Tello   La precisa ocupación
de ser hora señalada
    ésta, de estar esperando
dos sobrinos que han venido
de Burgos, la causa ha sido
de no iros acompañando
    hasta salir de Madrid;
que mi amistad no sufriera,
si este empeño no tuviera,
dejar de hacerlo.

Juan   Asistid,
    señor don Tello, a un empeño
tan de vuestra obligación;
que yo estimo la atención.

Tello   Vos de la mía sois dueño;
    que el hacer juntos pasaje
los dos de México a España,
hace amistad tan extraña,
que el cariño de un viaje
    casi es deudo; y más agora

que mi obligación confiesa
favor tanto a la condesa,
vuestra prima y mi señora.

    Y pues ha de ser tan breve
vuestra ausencia, hasta volver
las bodas no se han de hacer.

Juan   ¿Qué bodas?

Tello   De todo debe
daros cuenta mi atención.
Los dos sobrinos que espero
con mis hijas casar quiero.

Juan (Aparte.)   (¡Cielos! ¿Qué escucho?)

Tello   Ellos son
don Mendo y don Diego. A Mendo,
hijo de hermana menor,
le quiero dar a Leonor;
y a Inés, en quien yo pretendo
    fundar de mi honor la basa,
para don Diego la elijo,
porque de mi hermano es hijo
y cabeza de mi casa.
    Su gala y su bizarría
es cosa de admiración;
de Burgos es el blasón.

Juan (Aparte.)   (¡Ay de la esperanza mía!
    ¡Ay, Inés, qué bien se advierte
que, de traición prevenida,
me has encubierto esta herida
para lograrme esta muerte!)

Tello	¿Qué decís, don Juan?
Juan	Que apruebo
	vuestros justos regocijos.
Tello	Voy a esperar a mis hijos,
	que ya este nombre les debo.
Juan	Adiós, don Juan. Él os guarde.
Tello	Y a vos os vuelva con bien.

(Vase don Tello.)

Juan	Amor, el golpe detén,

que contra la vida es tarde.
   Ya con tan cruel herida
mi amor no puede vivir;
pues ¿qué falta por morir,
si era amor toda mi vida?
   ¡Ay, fe muerta a una mudanza!
¿Cómo pudo, aunque se ve,
ser tan segura una fe
puesta en tan falsa esperanza?
   ¡Ah, Inés! ¿Para mi partida
me reservaste este daño?
Pero ¿cuándo un desengaño
no viene a la despedida?
   Pues diré a voces aquí
mis ansias y mis desvelos
y me quejaré a los cielos
para quejarme de ti.
   Culpen, pues, tu tiranía

sus luces y sus estrellas;
pero ¿qué han de culpar ellas,
si entre ellas está la mía?

(Sale doña Inés.)

Inés   Don Juan ¿qué es esto? ¿Tú voces,
tú quejas y tú suspiros,
cuando de tu ausencia está
tan cercano mi peligro?
Esperando que se fuese
mi padre, me dio el aviso
tu voz de que estabas solo;
y cuando salgo, te miro
triste, enojado, quejoso.
¿Qué ha sido la causa? Dilo,
señor, que es cruel la duda.

Juan   Pues ¿tú, ingrato dueño mío,
por la causa me preguntas?
¿Tú, que eres de ella el principio,
dudas la razón que tengo
para llorar tus desvíos?
No has de preguntar la causa
sino si yo la he sabido;
y entonces te respondiera
mi amor, aunque muerto, fino,
que ya he sabido tu engaño,
que ya tu traición he visto
y que mi loca esperanza
fue de viento y la deshizo
el viento que la formaba,
como luz de rayos tibios,
que de un suspiro se enciende

y muere de otro suspiro.

Inés   Don Juan, señor, ¿con quién hablas?
que de tan bastardo estilo
no puedo ser el sujeto.
¿Tú traición, tú engaño has visto?
No sé, por Dios, lo que dices,
y turbada te replico;
que aunque no tenga razón
tu queja, que no averiguo,
tu tan horroroso estruendo,
para turbar basta el ruido.

Juan   ¿No tiene razón mi queja?
¡Pluguiera al cielo divino
que yo comprara mi engaño
a precio de ese delito!
Pero mira si la tiene,
pues ya supe, dueño esquivo,
que estás casada, y tu padre
esperando a sus sobrinos,
que han de ser los dos dichosos
a costa de mi martirio.
Con Leonor, tu hermana, el uno,
y el otro ¡ay de mí! contigo.
Don Diego, Inés, es tu dueño;
claro está que será digno,
tanto como por su sangre,
por haberte merecido.
Ya halló ocasión tu entereza
de disfrazar sus cariños,
dando en agrados de esposo
envuelto el nombre de primo.
De tu elección no me quejo;

pero ¿qué triunfo has tenido
en que muera de agraviado
quien pudo morir de fino?
¿Para qué ha sido engañarme?
¿Para qué alentarme ha sido?
Tu rigor...

Inés   Don Juan, deténte.
¿Qué don Diego, qué sobrinos,
qué casamientos son éstos?
¿Quién ese engaño te ha dicho?
Porque no solo es engaño,
mas ni aun yo de él tengo indicio
que llegue a más que saber
que son esos dos mis primos,
que mi padre hoy los espera,
que de Burgos han venido;
mas a casarse no sé,
si no es que tú hallas camino
de que, sin saberlo yo,
pueda casarse conmigo.

Juan   Pues ¿esto puede ser falso
cuando tu padre lo ha dicho?
0, siendo tú su hija,
¿puedes ignorarle este disinio?
Yo, Inés, había deseado,
reconociendo el estilo
de las mujeres, saber
si habrá caso tan preciso
o tan claro desengaño
donde alguna se haya visto,
sin tener qué responder,
concluida en su delito.

14

Pero, pues tú hallas en esto
a tu disculpa resquicio,
de que no le puede haber,
me doy, Inés, a partido.
Pero ¡vive Dios!, tirana,
que no ha de lograr conmigo
tu traición sus agudezas;
y si era el intento mío
partirme para volver
en alas de mi cariño,
ha de ser ahora alejarme
de tu mentiroso hechizo
tanto, que en mi larga ausencia
llegue a encontrar el olvido.
A esto voy ¡y qué mal voy!;
pues si te dejo rendido,
a ti te logro el deseo
y a mí me doy el castigo.
Mas tendré, muriendo, el gozo
de saber en mi martirio
que eres tú la que me mata,
pero yo el que me retiro.
No has de lograr la traición,
huyendo yo mi peligro,
pues por malograrse el rayo
voy a morir del aviso.

Inés   Don Juan, señor, oye, espera.

(Sale doña Leonor.)

Leonor   Inés, hermana, ¿qué miro?
                ¿Tú descompuesta? ¿Qué es esto?

Inés	Esto es, Leonor, un delirio.
	Decir don Juan que mi padre
	que estoy casada le ha dicho
	y que esposos de las dos
	vienen a ser nuestros primos.
Leonor	Pues, Inés, dice verdad
	porque él agora me dijo
	que prevenidas estemos
	porque él va por sus sobrinos,
	que han de ser nuestros esposos;
	y que por cierto motivo
	que ha importado a su atención
	nos ha callado este aviso.
Inés	¡Ay de mí! Leonor, ¿qué dices?
	Que ya te oigo sin sentido.
Juan	Mira, Inés, si fue verdad
	mi temor.
Inés	Mas ya has oído
	cómo pude yo ignorarlo.
Juan	Pues ¿qué importa al temor mío?
	Erré en culpar tu fineza,
	más no en temer mi peligro;
	¿cómo se excusa mi muerte
	si ya perderte imagino?
Inés	No sé, don Juan; que si es cierto
	como en mi mal lo colijo,
	yo replicar a mi padre
	podré, mas no resistirlo.

Juan	Luego ¿es preciso morir?
Leonor	No, don Juan, no es tan preciso;
	que en la elección del estado
	dan fuero humano y divino
	la proposición al padre
	y la aceptación al hijo.
	Las dos, don Juan, nos casamos
	aunque él nos busque el marido,
	que la elección no ha de ser
	de quien no fuere el peligro.
	El riesgo de un casamiento,
	que si se yerra es martirio,
	ha de ser el escogerlo
	de quien se obliga a sufrirlo.
	Siendo esto cierto, ¿qué temes
	de que él tenga ese disinio?
	¿Se ha casado alguna dama
	con el sí que el padre dijo?
	Y esto no es darte a entender
	que podrá nuestro albedrío
	oponerse a su precepto,
	porque si él lo ha concluido,
	no hay resistencia en nosotras;
	pero, cuando sabe él mismo
	que nuestras dos voluntades
	penden solo de su arbitrio,
	no es posible que una acción,
	que es tan de nuestro albedrío,
	la resuelva su decreto
	sin lograrnos el aviso.
Juan	Pues ¿qué puede ser, Inés,

haberme tu padre dicho
que ya estáis las dos casadas?

Inés   Tener él ese disinio
y querernos proponer
para esposos nuestros primos,
mas si él ya no lo ha resuelto,
como mi hermana te ha dicho,
cuando esté en mi voluntad,
está, don Juan, sin peligro.

Leonor   Inés, mira que es forzoso
que vamos a prevenirnos.

Inés   ¡Ay, Leonor! ¿Cómo podremos
hallar las dos un camino
de parecerlos muy mal?

Leonor   Apelar al artificio.
Mucho moño y arracadas,
valona de cañutillos,
mucho color, mucho afeite,
mucho lazo, mucho rizo
y verás qué mala estás
porque yo, según me he visto,
nunca saco peor cara
que con muchos atavíos.

Inés   Tienes buen gusto, Leonor,
que es el demasiado aliño
confusión de la hermosura
y embarazo para el brío.

(Sale Mosquito.)

18

Mosquito	¡Jesús, Jesús! Dadme albricias.
Leonor	¿De qué las pides, Mosquito?
Mosquito	De haber visto a vuestros novios; que apenas el viejo hoy dijo la sobriniboda cuando partí como un hipogrifo, fui, vi y vencí mi deseo, y vi vuestro par de primos.
Leonor	Y ¿cómo son?
Mosquito	Hombres son.
Leonor	Siempre estás de un humor mismo, pues ¿podían no ser hombres?
Mosquito	Bien podían ser borricos; que en traje de hombre hay hartos.
Leonor	Y ¿cómo te han parecido?
Mosquito	El don Mendo, que es el tuyo, galán, discreto, advertido, cortés, modesto y afable; menos algún revoltillo que se le irá descubriendo con el uso de marido.
Leonor	Si él es tan afable agora, casado será lo mismo.

Mosquito	Eso no, que suelen ser
	como espadas los maridos,
	que en la tienda están derechas,
	y comprándolas sin vicio,
	en el primer lance salen
	con más corcova que un cinco.

Inés	¿Y don Diego?

Mosquito	Ése es un cuento
	sin fin pero con principio;
	que es lindo el don Diego y tiene,
	más que de Diego, de lindo.
	Él es tan rara persona
	que, como se anda vestido,
	puede en una mojiganga
	ser figura de capricho.
	Que él es muy gran marinero
	se ve en su talle y su brío
	porque el arte suyo es arte
	de marear los sentidos.
	Tan ajustado se viste,
	que al andar sale de quicio,
	porque anda descoyuntado
	del tormento del vestido.
	De curioso y aseado
	tiene bastantes indicios
	porque, aunque de traje no,
	de sangre y bolsa es muy limpio.
	En el discurso parece
	ateísta y lo colijo
	de que, según él discurre,
	no espera el día del juicio.
	A dos palabras que hable

le entenderás todo el hilo
del talento, que él es necio
pero muy bien entendido.
Y porque mejor te informes
de quién es y de su estilo,
te pintaré la mañana
que con él hoy he tenido.
Yo entré allá y le vi en la cama,
de la frente al colodrillo
ceñido de un tocador,
que pensé que era judío.
Era el cabello, hecho trenzas,
clin de caballo morcillo,
aunque la comparación
de rocín a ruin ha ido.
Con su bigotera puesta
estaba el mozo jarifo,
como mulo de arriero
con jáquima de camino;
las manos en unos guantes
de perro, que por aviso
del uso de los que da,
las aforra de su oficio.
De este modo, de la cama
salió a vestirse a las cinco
y en ajustarse las ligas
llegó a las ocho de un giro.
Tomó el peine y el espejo
y, en memoria de Narciso,
le dio las once en la Luna;
y en daga y espada y tiros,
capa, vueltas y valona
dio las dos y después dijo:
«Dios me vuelva a Burgos,

donde sin ir a visitas vivo,
que para mí es una muerte
cuando de priesa me visto.
Mozo, ¿dónde habrá agora misa?»
Y el mozo, humilde, le dijo:
«A las dos dadas, señor,
no hay misa sino en el libro.»
Y él respondió muy contento:
«No importa, que yo he cumplido
con hacer la diligencia.
Vamos a ver a mi tío.»
Éste es el novio, señora,
que de Burgos te ha venido;
tal que primero que al novio
esperara yo un novillo.

Inés   ¡Ay, don Juan! Con estas nuevas
                es menos ya el temor mío,
                pues mi padre no es posible
                que me entregue a este martirio.

Juan   Inés, por cualquiera parte
                crece el temor y el peligro,
                no es nuevo ser tú mi vida
                y ya en tus labios la miro.

Inés   Vete, don Juan, que es forzoso
                ir las dos a prevenirnos.

Juan   Ya no es posible ausentarme.

Inés   Albricias doy al peligro,
                mas ¿cómo, si de mi padre
                ya has quedado despedido?

Juan	Fingiré algún embarazo.
Inés	¿Y lograrásme un alivio?
Juan	A eso voy.
Inés	¡Guárdete el cielo!
Juan	Guárdeste tú, que es lo mismo.
Mosquito	¡Ah, señor don Juan!
Juan	¿Qué quieres?
Mosquito	Tres portes de papelillos, que, a doblón, montan...
Juan	Ve a casa, y llevarás un vestido.

(Vase don Juan.)

Mosquito	Pues si él ha de ser llevado, no me le dé usted traído.
Inés	Vamos, Leonor.
Mosquito	¡Ah, señora!
Inés	¿Qué dices?
Mosquito	Tengo contigo una intercesión y un ruego,

y aunque con Sol tan divino
es osadía, me atrevo
a título de Mosquito.

Inés   ¿Qué es lo que quieres?

Mosquito   Beatriz,
después que la has despedido,
anda pidiendo limosna.

Inés   Pues si mi padre lo hizo,
¿qué puedo yo remediar?

Mosquito   Ése es rigor.

Inés   Mas no mío.

Mosquito   Pues pide, dale; que es pobre.

Inés   ¿Qué la he de dar?

Mosquito   Un recibo,
y vuelva a servirte a casa
pues ya llora el pan perdido.

Inés   Espero hoy otra criada.

Mosquito   No la llegará al tobillo
ninguna de cuantas vengan.

Inés   ¿Por qué no?

Mosquito   Eso ¿no está visto?
Ella es golosa, chismosa,

respondona y alza el grito,
ventanera y todo el día
gasta en tratar de su aliño.
Pues ¿dónde has de hallar criada
que cumpla más con su oficio?

Inés   Porque se ha criado en casa
siento haberla despedido,
mas como ella, por agora,
quiera estarse en mi retiro
sin que la vea mi padre,
la recibiré.

Mosquito   ¡Ah, Dios mío,
lo que hace un buen abogado!

Inés   Dila que venga, Mosquito.

Leonor   Y entre sin verla mi padre.

Mosquito   ¿Y si está aquí?

Inés   Entre contigo.

(Vanse doña Inés y doña Leonor.)

Mosquito   ¡Vitoria, por mis camisas!
¡Ah, Beatricilla!

(Sale Beatriz.)

Beatriz   ¿Qué ha habido?

Mosquito   Que estás recibida ya.

Beatriz	¿Qué dices?
Mosquito	Que Tito Livio no pudo hablar en tu abono como yo de tu servicio. Ponderé aquí tus labores, tu cuidado y tu buen pico, y hace tanto un buen tercero, que te recibió al proviso.
Beatriz	Siempre conocí yo en ti tu buena intención, Mosquito.
Mosquito	Mira, yo naturalmente hablo bien de mis amigos.
Beatriz	Seré tuya eternamente.
Mosquito	Mas ya que te han recibido, ¿no me das carta de pago?
Beatriz	Tú verás si es mi amor fino.
Mosquito	Toca esos huesos y vamos.
Beatriz	Toco y taño.
Mosquito	Salto y brinco.
Beatriz	Y ¿esto ha de pasar de aquí?
Mosquito	¡No, sino amarnos de vicio!

Beatriz	Pues querernos en silencio.
Mosquito	No podré, siendo Mosquito.
Beatriz	¿Por qué no?
Mosquito	Porque los moscos, para picar, hacen ruido.

(Vanse Beatriz y Mosquito. Salen dos criados con dos espejos, don Diego y don Mendo.)

Diego	Poneos los dos enfrente, porque me mire mejor.
Mendo	Don Diego, tanto primor es ya estilo impertinente. Si todo el día se asea vuestra prolija porfía, ¿cómo os puede quedar día para que la gente os vea?
Diego	Don Mendo, vos sois extraño, yo rindo, con salir bien, en una hora que me ven, más que vos en todo el año. Vos, que no tan bien formado os veis como yo me veo, nos os tardéis en vuestro aseo, porque es tiempo mal gastado. Mas si veis la perfección que Dios me dio sin tramoya, ¿queréis que trate esta joya con menos estimación?

¿Veis este cuidado vos?
Pues es virtud más que aseo
porque siempre que me veo
me admiro y alabo a Dios.
   Al mirarme todo entero,
tan bien labrado y pulido,
mil veces he presumido
que era mi padre tornero.
   La dama bizarra y bella
que rinde el que más regala,
la arrastro yo con mi gala;
pues dejadme cuidar de ella.
   Y vos, que vais a otros fines,
vestíos de priesa; yo no,
que no me he de vestir yo
como frailes a maitines.

Mendo   Si lo hacéis con ese fin,
             ¿qué dama hay que os quiera bien?

Diego   Cuantas veo, si me ven,
             porque en viéndome dan fin.

Mendo   ¡Que lleguéis a imaginar
             locura tan conocida!
             ¿Habéis visto en vuestra vida
             mujer que os venga a buscar?

Diego   Eso consiste en mis tretas,
             que yo a las necias no miro
             y en las que yo logro el tiro
             sufren, como son discretas,
                y aunque las mueva su fuego
             a hablar, callarán también,

porque ven que mi desdén
ha de despreciar su ruego.

Mendo   ¿Vos desdén? Tema graciosa.

Diego   Pues ¿queréis que me avasalle
fácil yo, con este talle?
No me faltaba otra cosa.

Mendo   Mirad que eso es bobería
de vuestra imaginación.

Diego   No paso yo por balcón
donde no haga batería
   pues al pasar por las rejas
donde voy logrando tiros,
sordo estoy de los suspiros
que me dan por las orejas.

Mendo   Vive Dios que eso es manía
que tenéis.

Diego   Mujer sé yo
que dos veces se sangró
por haberme visto un día.

Mendo   Yo desengañaros quiero.

Diego   ¿Cómo?

Mendo   Que a una dama vamos
a festejar y veamos
a cuál se rinde primero.

Diego	Pues ¿no tenemos aquí a nuestras primas yo y vos? ¿Cuánto va que ambas a dos hoy se enamoran de mí?
Mendo	¿No veis que en ellas es más el honor que las refrena?
Diego	Hasta verme, norabuena, pero en mirándome, ¡zas!
Mendo (Aparte.)	(Loco soy, pues quiero yo a tal necio disuadir.)
Diego	¿Qué decís?
Mendo	Que ya temo ir con vos.
Diego	¡Pues no sino no!. Mas dejadme que yo mismo vuelva el talle a repasar, que hoy por vos temo sacar en mi gala un solecismo. Alzad esos dos espejos.
Martín	¿Bien están ansí?
Diego	No están.
Lope	Pues ¿cómo bien estarán?
Diego	Mirándose los reflejos.

Martín	La Luna se mira toda.
Diego	No tal.
Lope	Pues ¿cómo ha de ser?
Diego	¿Que no aprendáis a poner los espejos a la moda!
Martín	Di cómo, y no te alborotes.
Lope	¿Qué es moda?
Diego	¡Mi rabia toda! ¡Que no sepan lo que es moda hombres que tienen bigotes!
Martín	¿Están bien así?
Diego	Eso quiero, que así todo me divisa.
Mendo (Aparte.)	(Cayéndome estoy de risa de ver a este majadero.)
Diego	¡El pelo va hecho una palma! ¡Guárdese toda mujer! Yo apostaré que al volver en cada hebra traigo un alma. Los bigotes son dos motes, diera su belleza espanto. ¡Si hiciera una dama un manto de puntas de estos bigotes! El talle está de retablo,

31

el sombrero va sereno;
de medio arriba está bueno,
de medio abajo es el diablo.
    Lo bien calzado me agrada.
¡Qué airosa pierna es la mía!
De la tienda no podía
parecer más bien sacada.
    Pero tened, ¡vive Dios!,
que aquesta liga va errada;
más larga está esta lazada
un canto de un real de a dos.
    Llega, mozo, a deshacella.

Mendo   ¡Que aqueso os cueste fatiga!
            Pues ¿qué importará esa liga?

Diego   No caer pájaro en ella.

Mendo   Mirad que ésas son locuras,
            que a quien las ve a risa obliga.

Diego   Solo con aquesta liga
            cazo yo las hermosuras.

Martín   Ya está buena.

Diego   Agora están
            iguales las dos; bien voy.
            Con el reparillo estoy
            cuatro dedos más galán.
                Siempre que el verme repito,
            queda el alma más ufana.
            Mozo, acuérdate mañana
            de traerme pan bendito.

(Sale Mosquito.)

Mosquito   Ya está aquí el coche, señor.

Diego   ¿Mosquito? Vamos, don Mendo.

Mendo   Según vais, ya voy temiendo
                      que he de parecer peor.

Diego   ¿Voy bien?

Mendo (Aparte.)   (La risa reprimo.)
                      A desconfiar me obliga.

Diego   Miren si importó la liga
                      pues ya se rinde mi primo.

Mosquito (Aparte.)   (Al mirarle estoy suspenso.
                      ¡Que éste piense que es galán!
                      Mas hartos lo pensarán,
                      que lo piensan por el pienso.)

Diego   Mosquito, ¿hay gran prevención?
                      ¿Cómo mis primas están?

Mosquito   Tales, señor, que podrán
                      tocarse entrambas a un son.
                         Cualquiera está tan bizarra
                      de las dos que al Sol da cola,
                      y cualquiera prima sola
                      puede hacer una guitarra.

Diego   También acá arde la fragua,

que todo eso es menester.

Mosquito   ¿Pues no?

Diego   A fe que hemos de ver
quién se lleva el gato al agua.

Mosquito   Pues dudarse eso ¿no es yerro?
Solo de oír tu retrato,
las vi que no solo el gato
llevarás tú, sino el perro.

Diego   Pues ¿ves? Solo me lastima...

Mosquito   ¿Qué, señor?

Diego   ...mi estrella mala.
¡Que venga toda esta gala
a parar en una prima!

Mosquito   Cierto que tienes razón,
y a mi también me lastima.

Diego   ¿No me malogro en mi prima?

Mosquito   Merecías tú un bordón.
    Mas de eso no te provoques.

Diego   El ser tan rica me anima.

Mosquito   Y yo pienso que la prima
saltará antes que la toques.

Diego   ¿Cómo saltar?

Mosquito	Es galante, y baila famosamente.
Diego	¡Oh, pues viéndome presente bailará el agua delante! Y ella ¿me merece a mí?
Mosquito	Ése es, señor, mi recelo, porque es un ángel del cielo y no te merece a ti.
Diego	¿Qué dices?
Mosquito	Si no es que sea ley de estrella poderosa.
Diego	Miren, si esto es siendo hermosa, ¿qué haría si fuera fea?
Mosquito	¿Sabes quién estoy pensando que te merecía?
Diego	¿Quién fuera?
Mosquito	Una dama que estuviera toda su vida ayunando.
Mendo	Vamos presto, que mejor allá lo podréis juzgar.
Diego	Vamos, don Mendo, a matar estas dos primas de amor.

Mosquito	Al verte será delito si no se desmayan luego.
Diego	Juicios tienes de don Diego.
Mosquito (Aparte.)	(Y tú sesos de Mosquito.)

(Vanse don Diego, don Mendo, Mosquito y los criados. Salen don Juan y don Tello.)

Juan	Suspendióse, don Tello, mi partida, porque mi prima, estando prevenida para ir a cumplir una novena que tenía ofrecida a Guadalupe, que me detenga ordena, y es fuerza que me ocupe en asistir sus pleitos entretanto.
(Aparte.)	(No será sino el mío.)
Tello	Estimo tanto vuestra amistad, don Juan, que habiendo habido justa ocasión que os haya detenido, os he de suplicar que a honrarme asista vuestra persona, agora que a la vista de mis hijas espero a mis sobrinos.
Juan	Siempre de honrarme halláis nuevos caminos.
(Aparte.)	(¡Cielos, no haya logrado yo esta suerte para ver la sentencia de mi muerte!)
Tello	Ya aquí vienen las dos.
Juan	Y yo quisiera me aviséis, por no errar de adelantado,

si están ya los conciertos en estado
de poder dar el parabién.

Tello   Sí, amigo;
bien se le podéis dar.

Juan (Aparte.)   (¡Cielos! ¿Qué espero?
Más que del golpe, de temerlo muero.)

Tello   Que aunque Inés y Leonor no lo han sabido
ya yo el concierto tengo concluido,
y el haberle callado
ha sido por no estar asegurado
de la venida de mis dos sobrinos,
por tener ellas otros pretendientes,
amantes y parientes
que estorbarle intentaron. Y, en efeto,
se ha logrado el venir con el secreto,
y ésta la causa ha sido
de que Leonor y Inés no lo han sabido
porque no fuera bien que yo un concierto
les propusiese que saliera incierto;
mas ya, por mi palabra asegurado,
nos dais el parabién adelantado.

Juan   Muy como vuestra la atención ha sido.
(Aparte.)   (¡Cielos, yo estoy hablando sin sentido!)

(Salen criadas, doña Leonor y doña Inés tocadas de boda.)

Inés (Aparte.)   (¡Muerta salgo!)

Leonor (Aparte.)   (Tus dudas son forzosas.)
Tello   ¡Bien prevenidas salen! ¡Son curiosas!

Juan (Aparte.)   (Esfuércese el corazón
a este tormento también.)
En tan dichosa ocasión
es precisa obligación,
señoras, mi parabién.
    Logréis el feliz estado
a medida del deseo.

(Aparte.)   (Y a costa de un desdichado.)

Inés   No sé a qué va encaminado
ni el parabién ni el empleo.

Tello   El parabién da don Juan
de los casamientos hechos
con vuestros primos.

Inés   Y ¿están
en estado que podrán
admitirle nuestros pechos?

Tello   ¿Pues no, si ellos han venido
de mi palabra fiados?

Inés   No habiéndoles admitido
nosotras, en vano ha sido
darlos por efectuados.

Tello   Pues ¿podéis las dos hacer
a mi gusto resistencia?

Leonor   Yo, señor, no sé tener
voluntad y si ha de ser
alguna, ésa es mi obediencia.

Inés	Contigo también, señor,
	es mi voluntad ajena;
	solo tu gusto es mi amor,
	mas este mismo primor
	tu resolución condena
	porque cuando yo he de estar
	pronta siempre a obedecer,
	no me debieras mandar
	cosa en que puedo tener
	licencia de replicar;
	y si me da esta licencia
	el cielo y tu autoridad
	me la quita con violencia,
	casaráse mi obediencia
	pero no mi voluntad.
	Siendo este estado, señor,
	de tantos riesgos cercado,
	¿no pudiera algún error
	dar asunto a mi dolor
	y empeños a tu cuidado?
	Luego aunque yo me concluyo,
	debieras a mi albedrío
	proponerlo, no por suyo,
	sino porque, aunque él es tuyo,
	tiene el título de mío.
Tello	Aunque es la queja tan vana,
	por queja de amor la he oído,
	Inés, callando tu hermana,
	que no eres tú tan liviana
	que tuviera otro sentido;
	ni yo tan poco mirado
	que a todo vuestro deseo

39

no le exceda mi cuidado,
habiendo ya examinado
los peligros de este empleo.
    En gusto, quietud y honor
lográis toda la ventura
que pudiera vuestro amor
y el mío, que es el mayor,
que vuestro bien asegura;
    y, mi palabra empeñada
ya, Inés, no tiene lugar
tu queja, aunque bien fundada,
pues, sobre que estás casada
no tienes que replicar.

Juan (Aparte.)   (¡Cielos! Yo de mi tormento
                      he venido a ser testigo.)

Inés (Aparte.)   (Y yo del dolor que siento.)
                      Pues si ya mi casamiento
                      das por hecho, solo digo
                          que, aunque tan llano lo ves,
                      falta una duda por ti
                      no fácil.

Tello   Y ésa ¿cuál es?

(Sale Mosquito.)

Mosquito   Los novios están aquí.

Tello   Déjalo para después.
             ¿Dónde están?

Mosquito   Veslos allí,

que el coche, con gran sosiego,
los va ya dando de sí.

(Salen don Mendo, don Diego y criados.)

Tello   Prevenid sillas aquí.

Mosquito (Aparte.)   (Y albarda para don Diego.)

Diego   Buen lugarillo es Madrid.

Mendo   Dadnos, señor, los pies vuestros.

Tello   Llegad, hijos, a mis brazos
                                            que ya de padre os prevengo.

Diego   Bravos lodos hace, tío.

Tello   Pues ¿qué embarazo os han hecho
                                            viniendo los dos en coche?

Diego   Antes lo digo por eso,
                                            que hemos perdido ocasión
                                            de venir gozando de ellos.

Tello   ¿Pues echáis menos los lodos?

Mosquito   Es adamado don Diego,
                                            y le ha olido bien el barro.

Tello   Hablad a Inés.

Diego   Eso intento.
                                            Lo primero que habla un novio,

dicen todos los discretos
que es necedad; pues aposta
he de hablar yo poco y bueno.
Señora, ya os habrán dicho
que sois mía y yo soy vuestro,
mas os puedo asegurar
que en mí os da mi tío un dueño
que hay muchas que le tomaran
con dos cantos a los pechos.
Con decir una verdad
se excusa uno de ser necio.

Inés (Aparte.)   (¡Muerta estoy!)
                         En mí, señor,
la voluntad que yo tengo
es de mi padre y no mía,
y vuestra, por su precepto.

(Aparte.)   (¿Qué hombre ¡cielos! es aquéste
tan torpe, exquisito y necio?)

Diego (Aparte.)   (¡Alto! Clavóse hasta el alma.
Ya por mí perderá el seso.)

Mosquito (Aparte.) (Si ella se casa contigo,
que le perderá es bien cierto.)

Tello   Hablad, don Mendo, a Leonor.

Mendo   En su hermosura suspenso,
del primer yerro en mi labio
tendrá disculpa el proverbio;
y ya turbado, señora,
a las luces del Sol vuestro
con tanta razón, sería

acertar el mayor yerro.

Leonor   Nada puede errar quien lleva
                por norte tan buen lucero
                como la desconfianza.
(Aparte.)   (Discreto y galán es Mendo;
                yo he sido la más dichosa.)

Diego   Mi primo, con lo modesto,
                vence el no ser muy galán.

Leonor   Vos lo sois con tanto extremo
                que haréis menos a cualquiera.
(Aparte.)   (¡Hay más loco majadero!)

Diego (Aparte.)   (También cayó la Leonor.
                Buena mi primo la ha hecho
                en ir a vistas conmigo.)

Tello   Tomad, sobrinos, asiento.

Diego   Yo por mí, ya estoy sentado.

Tello   Muy llano venís, don Diego.
(Aparte.)   (Muy tosco está mi sobrino;
                mas la corte le hará atento.)

Diego (Aparte.)   (¡Hola! Por Dios, que también
                se me ha enamorado el viejo.)

Mosquito (Aparte.)   (Dicha tienes en que aquí
                no esté también el cochero.)

Juan (Aparte.)   (¡Cielos! Mienten los que dicen

que puede ser de consuelo
el competidor indigno;
que antes es de más tormento,
pues el uso de las dichas
se aseguran en el necio.)

Tello   Los dos al señor don Juan
conoced, que es a quien debo
tan íntima obligación
que le viene el nombre estrecho
de amistad a nuestro amor.

Juan   Y en mí tendréis un deseo
de serviros que dará
indicios de aqueste empeño.

Mendo   Ya, señor don Juan, le logro
en las noticias que tengo.

Diego   Y yo desde hoy con más veras
he de ser amigo vuestro,
que tiráis algo a galán
y para mí es bravo cebo.

Juan   Delante de vos no puede
ningún galán parecerlo,
que tiráis tanto, que dais
en el blanco de ese acierto.

Diego   No, antes doy poco en el blanco,
porque es color que aborrezco,
y el usarse aquestas mangas
de garapiña me han hecho
sacar blanco algunas veces

pero ya es todo mi anhelo
una color de pepino
que ha traído un extranjero.

Juan   ¿De pepino? Pues ¿no es verde?

Diego   Es gran color.

Mosquito   Será bueno
para aforrar ensaladas.

Diego   Solo unos guantes me he puesto
de este color, pero estaba
que era prodigio con ellos.

Inés (Aparte.)   (Leonor, este hombre no tiene
uso del entendimiento.)

Leonor (Aparte.)   (Ni aun del sentido tampoco.)

Diego (Aparte.)   (Ya hablan las dos en secreto.
¡Luego dije yo que había
de parar el caso en celos!)
¿Qué se murmura, señoras?

Leonor   Alabaros de discreto.

Diego   ¿Y no de galán?

Leonor   También.

Diego   Pues eso es cuento de cuentos,
porque en Burgos unas damas
trataron de hacer lo mesmo

y en solo los pies tardaron
un día.

Mosquito   Según son ellos,
bien de priesa los pasaron.

Mendo (Aparte.)   (¡Corrido estoy, vive el cielo,
de venir con este tonto!)

Tello (Aparte.)   (Mi sobrino está algo necio,
mas yo le reprenderé
para que enmiende este yerro.)
Venid a ver vuestro cuarto.

Diego   Sí, señor, vamos a eso,
porque el mío ha menester
mucha luz para el espejo.

Mendo   Señora, no se despide
quien deja el alma asistiendo
al culto de vuestros ojos
desde que vive de verlos.

Diego   Yo, prima, no sé de cultos,
porque a Góngora no entiendo
ni le he entendido en mi vida,
pero después nos veremos.

(Vanse don Mendo, don Diego y don Tello.)

Inés   ¿Qué dices de esto, Leonor?

Leonor   No sé, hermana, ni me atrevo
a hablar; y viendo tu pena,

por no afligirte, te dejo.

(Vase doña Leonor.)

Mosquito

¿Y si yo me atrevo a hablar
y a decirte que aunque luego
te case con él tu padre,
yo a descasarse me atrevo?
Porque este novio es un macho
y hace mulo el casamiento.

Juan

Inés, señora, ¿qué dices?
¿Quédale ya a mi tormento
esperanza que le alivie?
Ya todo el peligro es cierto,
ya dio palabra tu padre,
ya está acetado el empeño,
ya yo te perdí, señora,
y ya... Pero ¿cómo puedo
referir mayor desdicha
que haber dicho que te pierdo?

Inés

Don Juan, según yo he quedado,
ni aun para hablar tengo aliento;
ni yo sé si me has perdido,
ni de mi padre el empeño,
ni si ya ha dado palabra,
ni aun razón tampoco tengo
para saber de mi pena;
mira qué haré del remedio.
Si hay alguno en el discurso,
es no tenerle don Diego,
ser sujeto tan indigno,
y mi padre no tan ciego

que no lo haya conocido.
A él con mis quejas apelo,
y a decirle que el casarme
con hombre tan torpe y necio
es condenarme a morir
o a vivir en un tormento.

Mosquito   Y que es pecado nefando
casarte con un jumento.

Juan   Y si a tu padre le obliga
de su palabra el empeño
y desprecia tu razón
por su atención que es primero,
¿qué haré, perdiéndote, yo?

Mosquito   Lo que yo hago cuando pierdo.

Juan   ¿Qué haces tú?

Mosquito   Romper los naipes
o llevármelos enteros.

Inés   Don Juan, mi padre no es
en mi amor tan poco atento
que viendo tan justa causa
como de quejarme tengo,
a toda una vida mía
anteponga otro respeto.
Esta apelación me falta;
si es tan uno nuestro riesgo,
admítela, que parece
que no es tuyo mi deseo.

Juan	¿Cómo he de admitirla, Inés, viendo a tu padre resuelto a cumplir con su palabra, y es de su honor este empeño?
Inés	Y el mío, ¿no es de mi vida?
Juan	Sí, pero con él es menos.
Inés	¿No puede ser que se mueva a mi llanto?
Juan	No lo espero.
Inés	Pues, don Juan, si tu temor da mi peligro por cierto, resolvernos a morir, que aquí no hay otro remedio.
Juan	Pues ¿para cuándo es, Inés, un atrevido despecho, que tiene tantas disculpas?
Inés	Don Juan, no hables en eso; que aunque es tan grande mi amor, es mi obligación primero.
Juan	¿Y ése puede ser amor?
Inés	Amor es, pero sujeto a la ley de mi decoro.
Juan	¿Que, en fin, niegas un aliento al temor de mi esperanza?

Inés	¿Ya no te doy el que puedo?
Juan	¿Qué puede importar, si es poco?
Inés	Pudiendo bastar lo menos ¿por qué he de empeñar lo más?
Juan	¿Y si lo requiere el riesgo?
Inés	Vete, don Juan; que los daños empeñan a los remedios.
Juan	Esa esperanza me alivia.
Inés	Pues deja ver el suceso.
Juan	Quiera Amor que sea feliz.
Inés	Más de mi parte está el ruego.
Juan	¡Qué temor!
Inés	Adiós, don Juan.
Juan	Guárdete, señora, el cielo.
Mosquito	Miren si es verdad que ya pierde el juicio por don Diego.

Fin de la primera jornada

Jornada segunda

(Salen don Juan y Mosquito.)

Mosquito	Vuelvo a decirte que hay medio para curar tu dolor.
Juan	Mosquito, en tanto rigor, ¿cuál puede ser el remedio? Don Tello ha determinado el dar a Inés a don Diego, y ha despreciado su ruego y su palabra ha empeñado; no hay medio en tanta aflicción.
Mosquito	Dígote que le ha de haber.
Juan	Necio, ¿cómo puede ser?
Mosquito	¿Hay tal desesperación? Ese hombre ¿no es un rocín? Luego tu duda es cruel.
Juan	Pues ¿qué medio hay para él?
Mosquito	El medio de un celemín.
Juan	¿Búrlaste de mi dolor?
Mosquito	Pues si no me quieres creer, ¿qué tengo de responder? No desesperes, señor, que en esto hay medio y remedio y tataramedio y todo.

Juan	Pues viviré de ese modo.
Mosquito	Y ha de ser pared en medio. Pero para aqueste efeto, tu licencia me has de dar de lo que yo he de trazar.
Juan	Ésa yo te la prometo.
Mosquito	Pues, señor, yo, conocida la liviandad de don Diego, deseando tu sosiego, hallé el medio por su herida. Alabéle con intento a tu prima la condesa, que ya de viuda profesa se le anda el casamiento. Abrió tanto ojo a la mía, y muy fiado de sí, dijo: «Si ella me ve a mí, yo me veré señoría». Yo le prometí llevar donde ella verle pudiera, y él dijo: «De esa manera, condesa, de par en par». Si trazamos que en él cuaje esta esperanza, después despreciará a doña Inés y al viejo y a su linaje. Conque tú puedes tratar de tu boda a tu placer porque él, por encondecer, no ha de querer emprimar.

Juan	Sí; mas no halla mi desvelo
	modo de verlo logrado.
Mosquito	Pues veslo aquí ejecutado
	como el huevo de Juanelo.
	Tú con tu prima has de hacer
	que un favor no le recate.
Juan	¡Jesús! ¡Qué gran disparate!
	¿Yo me había de atrever
	con mi prima a esa indecencia?
	Demás de que ausente está
	en Guadalupe, aunque acá
	no se sabe de su ausencia;
	pues su casa está asistida
	como si ella aquí estuviera.
Mosquito	Pues mejor de esa manera
	la industria está conseguida.
Juan	¿De qué modo?
Mosquito	Con mi maña.
	Yo tengo aquí una mujer
	que fingirá, sin caer,
	la Princesa de Bretaña;
	tan sabia que por su cholla
	dijo aquel refrán feliz:
	«De las hembras, la Beatriz,
	y de las aves, la olla.»
	Ella, que mi industria anima,
	por finísima embustera,
	es tan delgada tercera

que se sabrá fingir prima.
  Sin costarte más trabajo
que permitirme la empresa,
le haré tragar la condesa
envuelta en el estropajo.

Juan   ¿No es fuerza que eso se ajuste
con las criadas?

Mosquito   Mejor.
Pues ¿qué criadas, señor,
se niegan para un embuste?

Juan   Si de ese modo ha de ser,
yo permitirlo no puedo.

Mosquito   Si ha de saberse el enredo,
ella, ¿qué puede perder?
  Y si éste te escarba aún,
¿hay más de hacer yo el papel
in solidum, sin que en él
entres tú de mancomún?

Juan   Sin que me des por autor,
hazlo tú.

Mosquito   Pues, caballero,
¿soy yo tan pobre embustero
que he menester fiador?

Juan   Si lo logras de esa suerte
le darás vida a mi amor.

Mosquito   Pues vete luego, señor,

que conmigo no han de verte
y vienen aquí los dos
con mi señor.

Juan   Mi sosiego
            fío de ti.

Mosquito   Vete luego.

Juan   Pues adiós.

(Vase don Juan: Salen don Tello, don Mendo y don Diego.)

Mosquito (Aparte.)   (¡Válgame Dios!
            ¿Sin importarme, esto noto?
            ¿Quién en tal bulla me mete?
            Mas esto es que un alcahuete
            siente mucho ahorcar el voto.)

Tello   Sobrino, esto es atención.

Diego   Tío, eso es mucho apretar;
            yo me tengo de alabar
            en cuanto fuere razón.

Tello   No puede serlo alabaros
            neciamente de galán;
            y donde damas están
            no es luciros sino ajaros.

Diego   ¿Ésa, señor, se usa aquí?

Tello   Y en todo el mundo.

Diego	Eso no, que sería mentir yo si dijera mal de mí.
Tello	Tampoco os digo eso yo.
Diego	Pues si yo tengo buen talle, ¿tengo de echar en la calle la gala que Dios me dio?
Tello	¿Perderéis vos lo galán por no alabaros, modesto? No os desairéis vos en esto, que otros os alabarán.
Diego	Peor es eso que esotro.
Tello	¿No es mejor que aplauso os den?
Diego	Pues lo que a mí me está bien ¿para qué lo ha de hacer otro?
Tello	En otro os está mejor.
Diego	Y si callan en mi mengua, ¿para qué tengo yo lengua?
Mosquito	Para ir a Roma, señor.
Diego	¿Yo a Roma? ¿Por qué accidente?
Mosquito	A absolveros.
Diego	Bien, por Dios.

¿Maté yo alguien?

Mosquito (Aparte.)   (No, que vos
de todo estáis inocente.)

Mendo   Señor, tu atención se apura
y es en vano refrenarle.

Tello   Y ignorancia en mí irritarle
por tan ligera locura.
   ¿Qué importa que él se alabe
de galán para que Inés
desprecie el noble interés
que por su sangre le cabe?
   Resístanlo o no sus pechos,
pues conviene a sus recatos,
he de hacer que los contratos
esta noche queden hechos.
   Hijos, yo voy a sacar
vuestros despachos. Adiós,
que aquesta noche los dos
os habéis de desposar
   porque estiméis a mi amor
lo mismo que él os estima.

Diego   Eso estímelo mi prima,
que es a quien le está mejor.

Tello   Tú, Mosquito, ten cuidado
de acompañarlos.

(Vase don Tello.)

Mosquito   Sí haré;

yo los acompañaré,
como canten ajustado.

Diego   Muy cansado está mi tío.

Mendo   Por viejo está impertinente.

Mosquito (Aparte.)   (Aquí entro yo bravamente.)
                         ¿No hay más hablar, señor mío?

Diego   Mosquito, ¿qué hay?

Mosquito   Que he informado
                         a la condesa de suerte
                         que a instantes espera verte.

Diego   ¿Qué dices?

Mosquito   Que te he alabado
                         de modo que me ha pedido
                         que yo te lleve a su casa.
                         Pero tú de lo que pasa
                         no te has de dar por sabido
                            sino fingir un intento
                         con que irla a visitar,
                         que en viéndote, no hay dudar
                         que se cuaje el casamiento.

Diego   Pues caerá.

Mosquito   (Eso para nobis.)

Diego   ¡Solo de oírlo se incita!
                         Pues ¿qué hará la condesita

	en viéndome el coramvobis?
Mosquito	Pues, si tomas mi consejo, ve luego.
Diego	Eso quiero hacer. Mas antes he de volver a repasarme al espejo. Espérame aquí.
Mendo	Mirad que están mis primas aquí.
Diego	¿Me han visto?
Mendo	Pienso que sí.
Diego	No importa, con brevedad de ellas me despediré. Espérame tú allá fuera.
Mosquito	Pues dispónlo de manera que vamos luego.
Diego	Sí haré.
Mosquito (Aparte.)	(Voy a avisar a Beatriz por que se ponga en adobo, que ha de tragar este bobo la condesa fregatriz.)

(Vase Mosquito. Salen doña Leonor y doña Inés.)

| Leonor | Aquí está don Diego, hermana. |

Inés	Pues yo me quiero volver, que ansí le doy a entender lo que ha de saber mañana.

(Vase doña Inés.)

Mendo	Nunca el Sol tarde salió a quien con su luz da vida.
Leonor	A vuestra fe agradecida, por mí antes saliera yo.
Mendo	Con vuestra gracia mi amor, de méritos tan desnudo, solo mereceros pudo tan venturoso favor.
Leonor	Supuesto, don Mendo, el trato de mi padre, a vuestro amor debe mi agrado el favor que permite mi recato.
Diego	Si eso a vos, señora, os mueve, ¿mi prima quiere enojarme? ¿Por qué no viene a pagarme los favores que me debe?
Leonor	Está indispuesta.
Diego	¿De qué?
Leonor	Saliendo aquí, de repente le dio agora un accidente.

60

Diego	¡Miren si lo adiviné!
	Dila por el corazón;
	y es preciso que esto sea,
	y de otra vez que me vea
	ha de pedir confesión.
Mendo	¿Y de eso no te lastimas?
Diego	Pues ¿tengo la culpa yo?
Mendo	Pues ¿quién lo hace, si vos no?
Diego	Mi talle, que es mata-primas.
Mendo (Aparte.)	(¡Que en este error tan cerrada
	esté su imaginación!)
Diego	Digo, ¿el mal de corazón
	la dejó muy apretada?
Leonor	No ha tenido ella ese mal.
Diego	Pues ¿qué mal ha padecido?
Leonor	No estar buena.
Diego	¿Y eso ha sido
	causa de retiro tal?
Leonor	Pues ¿no es bastante el tener
	alguna indisposición?
Diego	¿Cómo es eso? Con la unción

había de venirme a ver.

Leonor   A tan necia grosería
y delirio tan extraño
castigará el desengaño
que recataros quería;
    y agora os haré saber
que mi hermana está muy buena,
y por no darse esa pena
no os quiere salir a ver.
    Y aquí, para entre los dos,
dejad empresa tan vana,
porque es cierto que mi hermana
no se ha de casar con vos.

Diego (Aparte.)   (¡Miren el diablo, la gana
por donde brota el humor!)

Mendo   ¿Qué dices?

Diego   Que la Leonor
tiene celos de su hermana.
    Y aqueso de «entre los dos»
¿es cierto?

Leonor   Esperadlo a ver.

Diego   Digo, y ¿es eso querer
tratar de pescarme vos?

Leonor   El que de necio la pierde
no ofende la estimación.

Diego   ¿No lo escucháis? Celos son,

con su puntica de verde.

Mendo   Si hacéis favor del desdén,
bien descansado vivís.

Diego   Pues si vos lo consentís,
yo lo consiento también.

Leonor   Señor don Diego, si fuera
sin mi padre vuestro intento,
por risa y divertimiento
la ignorancia os permitiera;
   porque no puede haber cosa
que más pueda deleitar
que veros disparatar
en vanidad tan graciosa.
   Pero, no pudiendo hacer
por él desprecio de vos,
por mi hermana o por las dos,
pues nos llegáis a ofender,
   os advierto que en secreto
desistáis la pretensión
o llegaréis a ocasión
de ajaros más el respeto.

Diego   ¿Pensáis doblarme? Pues no,
que eso, por lo que sentís,
vos sola me lo decís.

(Sale doña Inés.)

Inés   No lo digo sino yo.

Diego   Oigan el demonio, estotra

lo ha estado oyendo, a la cuenta,
y sale también celosa.
Si se arañan es gran fiesta.

Inés   Señor don Diego, si el lustre
de la sangre que os alienta
a su misma obligación
se sabe pagar la deuda,
ninguna puede ser más
que la que agora os empeña,
pues una mujer se vale
de vuestro amparo en su pena.
La dificultad está,
para que más os suspenda,
en que, siendo contra vos,
os pido a vos la defensa.
Mas cuanto puedo deberos
os pago en querer atenta
que, si habéis de ser vencido,
vuestro el vencimiento sea.
Mi padre, señor don Diego,
a cuya voz tan sujeta
vivo, que por voluntad
tiene el alma mi obediencia,
trató la unión de los dos
tan sin darme parte de ella
que de vos y del intento
al veros tuve dos nuevas.
Casarme sin mí es injusto;
mas dejo aparte esta queja
porque al blasón de obediente
tiene algún viso de opuesta.
La aversión o simpatía
con que se apartan o acercan

las almas pende en el cielo
de influjo de sus estrellas.
Ésta es más o menos grave,
según es más la violencia
de los astros que la influyen
o la sangre en que se engendra;
de donde la inclinación
no puede ser acción nuestra,
pues sin albedrío un alma
o se inclina o se desdeña.
Siendo ansí, cuando yo os diga
que mi inclinación no es vuestra,
no os ofendo en la razón
aunque en el gusto os ofenda.
Esto supuesto, señor,
no solo eso el alma os niega,
mas a mi pecho y mis ojos
hace horror vuestra presencia.
Desde el instante que os vi
discurrió un hielo en mis venas,
a que no halla el alma amparo
más que el que de vos intenta.
Y advertid que ya os declaro
mi aversión con tal llaneza
porque antes he prevenido
que la inclinación no es nuestra;
y estoy a vuestro decoro
y a vuestro amor tan atenta
que os di primero el escudo
por no ofender con la flecha.
Casarme con vos, don Diego,
si queréis, ha de ser fuerza;
pero sabed que mi mano,
si os la doy, ha de ser muerta.

De caballero y de amante
faltáis, don Diego, a la deuda
si, sabiendo mi despecho,
vuestra mano me atropella.
De caballero, porque,
por gusto o por conveniencia,
no hacéis precio de la vida
de una mujer sin defensa;
de amante, porque en tal caso
corre el cariño perezas,
y aquí sin mi voluntad
queda agraviada la vuestra.
Vencer mi aborrecimiento
o mi desdén, si lo fuera,
con porfías y festejos,
fuera garbosa fineza;
pero valeros de un medio
donde no está la violencia
de parte de vuestro amor
sino de quien me sujeta,
y arrastrarme sin vencerme,
es acción tan descompuesta
que aja la galantería,
el amor y la nobleza.
Luego en dejarme, aunque agora
mi sentimiento os lo ruega,
más garbo en vos que en mi alivio
vuestro decoro interesa.
Pero aunque de estas razones
pudiera bastar cualquiera,
no quiero yo que esta acción
hagáis por ninguna de estas
sino porque yo os lo pido,
que pues la acción es la mesma,

no os quiero yo malograr
el mejor fin que hay en ella.
Vos, don Diego, habéis de hacer
a mi padre resistencia,
y escoged vos en la causa
la razón que más convenga.
Aborrecedme, injuriadme,
que yo os doy toda licencia
para tratar mi hermosura
desde desgraciada a necia.
Despreciadme vos a mí,
que yo os doy palabra cierta
de tenéroslo por bien,
aunque sepa que es de veras.
Esto os pido, y el secreto
que requiere acción como ésta;
pues por último remedio
a vos mi dolor apela.
Haced cuenta que una dama
a vencer otro os empeña,
que es lance que no le puede
excusar vuestra nobleza.
Teneos vos, para venceros,
por otro en la competencia,
y lograd, de vos mandado
a vos vencido, la empresa.
Que si por el gran contrario
más la vitoria se precia,
vos no podéis escoger
enemigo de más prendas.
Sabed, don Diego, una acción
que es por entrambos bien hecha.
Por mí, porque yo os lo pido;
por vos, porque en vos es deuda.

Y advertid que yo a mi padre,
por la ley de mi obediencia,
para cualquiera precepto
el «sí» ha de ser mi respuesta.
Si vos no lo repugnéis,
yo no he de hacer resistencia,
y si deseáis mi mano,
desde luego será vuestra;
pero mirad que os casáis
con quien, cuando la violentan,
solo se casa con vos
por no tener resistencia.
Y agora vuestra hidalguía
o el capricho o la fineza,
corte por donde quisiere,
que, cuando pare en violencia,
muriendo yo, acaba todo
pero no vuestra indecencia,
pues donde acaba mi vida
vuestro desdoro comienza.

Diego (Aparte.)   (¿Pudo el diablo haber pensado
más graciosísima arenga
para disfrazar los celos,
y está de ellos que revienta?)
Señora, todo ese enojo
nace, con vuestra licencia,
de celos que os da Leonor.
Si teméis que yo os ofenda,
os engañáis ¡juro a Dios!,
que ¡por vida de mi abuela!
y ansí Dios me deje ver
con fruto unas viñas nuevas,
que plantó mi padre en Burgos,

68

que es lo mejor de mi hacienda,
como yo nunca la he dicho
de amor palabra, ni media,
que ella es la que a mí me quiere,
y si no, dígalo ella.

Mendo (Aparte.)   (Tener no puedo la risa
de tan graciosa respuesta.)

Leonor   Hermana, este hombre no tiene
sentido y en vano intentas
que se reduzga a razón.

Inés   Sean celos o no sean,
señor don Diego, yo os pido,
porque una dama os lo ruega,
que aquí me deis la palabra
de hacer por mí esta fineza.

Diego (Aparte.)   (No haré yo tal hasta ver
cómo pinta la condesa).
Señora, eso es una cosa
que es para dormir sobre ella.
Yo me veré bien en ello
para daros la respuesta,
que aquí tengo yo un agente
que es quien mejor me aconseja.

Inés   Pues ¿qué hay que pensar
en esto para que nadie os advierta?

Diego   Pues ¿no queréis que me informe
si puedo hacerlo en conciencia?

Leonor	¡Hay más raro desatino!
Diego	Eso es porque vos quisierais que respondiera que sí para verme libre de ella y echarme luego la garra.
Inés	Ya vuestra locura necia pasa el término de loca, y a mí que hacer no me queda más que volver a advertiros que cuanto os he dicho atenta os lo repito ofendida; y si tras esta advertencia os queréis casar conmigo, aunque mi sangre os alienta, sois hombre indigno de honor. Pensad o no la respuesta.

(Vase doña Inés.)

Diego	¿Qué llama indigno? Escuchad.
Leonor	Eso, don Diego, es perderla de muchas veces. Haced lo que Inés os aconseja, o en mayor desaire vuestro parará su resistencia.

(Vase doña Leonor.)

Diego	¿Desaire?
Mendo	Tened, don Diego;

un hombre noble ¿qué espera
oyendo este desengaño?

Diego   Hombre, ¿no ves que te quemas,
                     y Leonor, porque me adora,
                     es quien causa esta revuelta?

Mendo (Aparte.)   (¡Vive Dios, que es imposible
                     sacarle de la cabeza
                     esta aprensión!) Pues, don Diego,
                     ¿en qué conocéis que tenga
                     fundamento ese cariño?

Diego   ¿Hay más graciosa simpleza?
                     Bueno sois para marido
                     si no entendéis esta lengua.
                     Pues ¿no veis que hablan los ojos
                     y la Leonor está muerta?
                     Si no es que vos, por casaros,
                     no miráis delicadezas.

Mendo   ¡Vive Dios!, que a no saber
                     que habla la ignorancia vuestra
                     más que la malicia en vos,
                     de esta sala no salierais
                     sin ser el último aliento
                     necedad tan desatenta.
                     Pero, pues es incurable
                     vuestra locura, ella mesma
                     de tanta desatención
                     la que os dé el castigo sea.

(Vase don Mendo.)

Diego	¿Hay tonto como mi primo?
	Pero a mí, allá se lo avenga.
	Yo me voy a ver si puedo
	derribar esta condesa,
	y si no saliera cosa,
	fijas las dos primas quedan.
	Yo escogeré entre las dos
	y, cuando todas me quieran,
	a más moros, más ganancia,
	que el turco tiene trescientas.

(Vase don Diego. Salen Beatriz, de condesa viuda, Mosquito y una Criada)

Beatriz	¿Qué me dices, Mosquito? ¿Vengo buena?
Mosquito	Beatricilla, estás hecha una azucena.
Beatriz	De condesa viuda tengo aseo.
Mosquito	Puedes ser la viuda de Siqueo.
Criada	Y no tema que en nadie duda deje.
Mosquito	¿Qué llama duda? La creerá un hereje.
Criada	Eso importa ocultarlo a los criados
	y solo los que estamos avisados
	lo habemos de saber.
Mosquito	Claro está eso.
	Beatricilla, caerá como con queso.
Beatriz	Y ¿dónde está?

Mosquito	A la puerta le he dejado
	y, fingiendo yo entrar con el recado,
	subí a ver si ya estabas prevenida
	y me ha admirado el verte ya vestida,
	que apenas ha un instante
	que desde casa te envié delante.
Beatriz	Rabio yo por lograr tan buenos ratos.
Mosquito	Seis veces se ha limpiado los zapatos.
Beatriz	Llámale, pues, que muero por hablarlo.
Mosquito	Mira, Beatriz, si quieres acertarlo,
	cuanto hablares sea oscuro y confuso;
	habla crítico agora, aunque no es uso,
	porque si tú el lenguaje le revesas,
	pensará que es estilo de condesas;
	que los tontos que traen imaginado
	un gran sujeto, en viéndole ajustado
	a hablar claro, aunque sea con conceto,
	al instante le pierden el respeto;
	y en viendo que habla voces desusadas,
	cosas ocultas, trazas intrincadas,
	para dar a entender que lo comprenden,
	le dicen que es gran cosa y no la entienden.
	Conque si le hablas culto, prevenida,
	te tendrá por condesa, y entendida.
Beatriz	Pero si él me pregunta algo corriente,
	forzoso es responderle vulgarmente.
Mosquito	De ningún modo, que ese no es su paso.

Beatriz	Y si él pregunta: «¿Cómo estáis?», acaso, ¿qué le he de responder?
Mosquito	En garatusa. «Libidinosa, crédula y obtusa.»
Beatriz	Pues ¿qué ha de entender él, si eso no es nada?
Mosquito	Acaso entenderá que estás preñada.
Beatriz	Déjame a mí, que yo sabré hablar culto cuando importe, que no ha de ser a bulto.
Mosquito	Pues él viene hacia acá, voy a sacarle, que aquí don Juan también ha de escucharle.

(Sale don Diego.)

Diego	Mosquito, ¿está aquí?
Mosquito	¿No ves que es la que está en esta pieza?
Diego	¿Es ésta? ¡Rara belleza descubre por el envés!
Beatriz	¿Quién anda en los corredores? Míralo, Isabel.
Diego	Ya ha hablado. Hasta el tono es delicado; en fin, manjar de señores.
Criada	¿Quién es?

74

Diego	Respóndele apriesa.
Mosquito	Diga usted cómo don Diego, mi señor, quisiera luego ver a mi sá la condesa.
Criada	Ya la tenéis avisada. Entre.
Diego	El norte lo asegura.
Criada	¡Jesús, qué extraña figura!
Diego	Ya ha caído la criada, Mosquito, ¿ves lo que pasa? Todo caerá.
Mosquito	Aqueso es llano; mas, señor, vete a la mano, no caiga también la casa.
Diego	El cielo guarde esa aurora.
Beatriz	La vuestra sea bien venida.
Diego (Aparte.)	(No he visto en toda mi vida mejor bulto de señora.)
Beatriz	¿Qué intento os lleva neutral a mis coturnos cortés?
Diego (Aparte.)	(¡Jesús, cuál habla! Esto es estilo de sangre real.)

Señora, bueno he venido.

Mosquito (Aparte.)   (Qué quieres te preguntó.)

Diego   Estar bueno quiero yo;
                       luego bien he respondido.

Beatriz (Aparte.)   (De risa me estoy cayendo
                       y disimular no sé.)

Diego (Aparte.)   (También me parece que
                       va la condesa cayendo.)

Beatriz   En fin ¿venís rutilante
                       a mi esplendor fugitivo,
                       para ver si yo os esquivo
                       a mi consorcio anhelante?

Diego   ¿No ves, Mosquito, al hablarme,
                       con qué gracia me enamora?

Mosquito   Pues ¿qué es lo que dijo agora?

Diego   Todo aquesto es alabarme.
                       Si yo aquí os he parecido
                       como vos significáis,
                       cierto que no lo arriesgáis
                       porque soy agradecido.

Beatriz   Explicaos de una vez.

Diego   Hablaros de espacio intento.

Beatriz   Pues apropincuad asiento.

Diego	Mosquito, ya pica el pez.
Mosquito	Ya yo le he visto tragar.
Diego	Yo soy cebo de mujeres.
Mosquito (Aparte.)	(Ahora digo que tú eres linda caña de pescar.)
Diego	Hablarla importa con frases de un estilo levantado.
Mosquito (Aparte.)	(Sí, que el estilo acostado es para cuando te cases.)
Diego	Vuestra fama sonorosa, con curso, no de estudiante, sino de trompa volante...
(Aparte.)	(¡Bravo pedazo de prosa!)
Mosquito (Aparte.)	(Bueno va; adelante pasa.)
Diego	...desde Burgos me ha traído a daros en mí un marido que sea honor de vuestra casa.
Beatriz	Súbito, no meditado, vuestro pretexto colijo.

(Hablan aparte Mosquito y don Diego.)

Mosquito	¿Qué es lo que agora te dijo?

Diego	Que lo aceta de contado. De ella desde hoy no me aparto.
Mosquito	Pues ¿no te lo dije yo?
Diego	Luego vi que el pez picó.
Mosquito	¿Qué hará en viendo que es lagarto?
Beatriz	Algo de bobería en vos presumo en cándido pecho.
Diego (Aparte.)	(¡Jesús, qué favor me ha hecho! Buena pascua te dé Dios.)
Mosquito (Aparte.)	(De risa el tonto me apura. Prosigue, que ya está tierna.)
Diego (Aparte.)	(Ahora me alabó la pierna.) Pues si vierais mi cintura por dentro, os admirara su medida tamañita, porque a mí el sastre me quita dos dedos de media vara.
Mosquito	En eso no hay que dudar.
Diego	Y aun me la achica después.
Mosquito	Mas la media vara es de vara de torear.
Diego	Eso, en torear, no hay hombre como yo. Con un juez

en Burgos salí una vez,
y tembló el toro mi nombre.
 Yo me, anduve por allí
en la plaza hecho un Medoro
y no osó llegarse el toro
a treinta pasos de mí.

Mosquito   ¡Bravas suertes!

Diego   Y hasta el fin
                        ningún rocín me mató.

Mosquito   Pues si a ti no te alcanzó,
                        seguro estaba el rocín.

Diego   Paréceme que un poquito
                        vos estáis de mí pagada.

Beatriz   Adusta, si no implicada.

Diego   Toma si escampa, Mosquito.

Mosquito (Aparte.)   (¡Jesús! A Beatriz aprisa
                        señas le haré por detrás,
                        porque si esto dura más
                        he de reventar de risa).

Beatriz   Remito, por lo que expreso,
                        la locución otro día.

(Levántase.)

Diego   ¿En efeto seréis mía?

Beatriz	Cogitación habrá en eso.
Diego	Ése sí al alma regala.
Beatriz	Pensáislo con juicio agreste.
Diego (Aparte.)	(¡Mira qué favor aqueste! ¡Ah, bien haya aquesta gala!)
Beatriz	Adiós.
Diego	Hasta nuestras bodas.
Criada (Aparte.)	(¡Bravo tonto!)
Beatriz	Ya os entiendo.

(Vanse Beatriz y la Criada.)

Diego	La mujer se va cayendo, pero lo mismo hacen todas.
Mosquito (Aparte.)	(Lográronse mis cuidados.) ¿Qué dices de aquesta empresa?
Diego	Que la mujer es condesa de todos cuatro costados.
Mosquito (Aparte.)	(Ahora entra aquí don Juan para acreditar el caso). Señor, si esto va a este paso, tus dos primas ¿qué dirán?
Diego	Volaverunt.

Mosquito	Yo querría que lo sepas recatar.
Diego	Ya bien puedes empezar a llamarme señoría.
Juan (Dentro.)	¡Hola! ¿Mateo? ¿Benito? ¿No hay algún criado aquí? ¿Qué modo es éste?
Mosquito	¡Ay de mí!
Diego	¿Qué es esto?
Mosquito	¡Cristo bendito! ¡Don Juan! Eso que no es nada, primo de aquesta señora, y celoso.
Diego	¿Eso hay agora? Pues requeriré la espada.
Mosquito	Y ¿qué hemos de hacer con eso?
Diego	¡Voto a Dios si me habla en nada, que a la primer cuchillada le rebane como queso!
Mosquito	¿Qué, eres valiente?
Diego	Los chinos son enanos para mí.

Mosquito	¡Ay, Madre de Dios, que aquí se matan como cochinos!

(Sale don Juan.)

Juan	Siempre en casa ha de haber priesa Pero, don Diego, ¿aquí estáis? Pues ¿qué en la casa buscáis de mi prima la condesa?
Diego	¿Yo?
Juan	Sí.
Diego	No lo puedo creer. ¿A mí?...
Juan	¿No habéis escuchado?
Diego (Aparte.)	(¡Vive Dios, que me he turbado y no sé qué responder!)
Juan	¿No habláis?
Mosquito	Yo, señor, de un tiro con mi señor iba al Prado, y aquí nos hemos topado por la plaza del Retiro.

(Hablan aparte don Diego y Mosquito.)

Diego	¿Qué haces?
Mosquito	El diablo lo fragua.

¡De quien me parió reniego!

Juan   ¿Por qué no me habláis, don Diego?

Mosquito   Tiene la boca con agua.

Juan   ¿Qué dices?

Mosquito   Que él iba aprisa,
y se entró aquí.

Juan   ¿A qué se entró?

Mosquito   Yo... cuando... sí... ¿qué sé yo?
Los dos íbamos a misa.

Juan   ¡Villano! ¿Es eso burlar
de mí?

Diego (Aparte.)   (Ya yo me cobré,
y ansí lo remediaré.)
Don Juan, yo os vengo a buscar.

Juan   ¿Vos a mí?

Diego   A solas os quiero.

Juan   Pues por mí, yo solo estoy.

Diego   Pues vete tú.

Mosquito (Aparte.)   Ya me voy.
(Clavóse este majadero.)

(Vase Mosquito.)

Juan   Ya estamos solos.

Diego   Don Juan,
yo me caso con mi prima,
que, aunque ella no me merezca,
en efeto, ha de ser mía.
Yo, en efeto, como digo,
vengo aquí, porque en mi vida...

(Aparte.)   (¡Por Dios, que he perdido
el hilo de lo que decir quería!)

Juan   Proseguid.

Diego   Ya voy al caso;
la memoria es quebradiza.
Desde Burgos a Madrid
hay cuarenta leguas chicas...
Pienso que hay más... No, no hay tantas.

Juan   Pues eso ¿a qué se encamina?

Diego   Las leguas ¿no son del caso?

Juan   Pues el camino ¿a qué tira?

Diego   ¿Tan poco importa el camino?

Juan   Pues ¿qué importa?

Diego   ¿Esto no estriba
en resolución? Pues ¡alto!
Señor mío, yo quería

saber de vos a qué intento
entráis en cas de mi prima.

Juan   Pues ¿por qué lo preguntáis?

Diego   ¿Por qué? ¡La duda es muy linda!
Porque he de ser su marido.

Juan (Aparte.)   (¡Vive Dios, que la salida
que ha buscado, aunque el engaño
que yo deseo acredita,
pues lo hace por deslumbrarme,
a un grave empeño me obliga,
que aunque es necio es caballero!)

Diego   ¿No habláis? ¿Me dais con la misma?
Pues yo esto vengo a saber.

Juan   La pregunta es tan indigna
que no merece respuesta,
pero si ha de ser precisa,
yo os la daré.

Diego   No, tened,
que yo tengo en esta villa
más de cuatrocientas damas
que a mi casamiento aspiran.
Yo os lo digo por si acaso
vuestro amor a Inés se inclina,
que yo alzaré mano de ella,
porque vuestra bizarría
me ha enamorado y no quiero
que os dé mi boda un mal día.

Juan	Yo os digo que no os respondo.

Diego   Según eso, ¿vuestra mira
           no debe ser a Inés,
           sino a Leonor?

Juan   Ésa misma
           es la pregunta pasada,
           que ya tenéis respondida.

Diego   ¡Ah, cómo os di yo en el alma!
           En los ojos se averigua:
           Leonor es la que os abrasa.

Juan   No hagáis vos respuesta mía
           la que yo no os quiero dar,
           y si el negarlo os irrita,
           ya os digo...

Diego   No os enojéis,
           que aquesto ¡por vida mía!
           es querer ser vuestro amigo.

Juan   Mi voluntad os lo estima;
           mas no hablemos más en esto.

Diego   Mi duda está concluida.
           Quedad con Dios.

Juan   Él os guarde.

Diego   Y entended que en mi caricia
           tenéis el lugar de un primo.

Juan	Deuda es de mí agradecida.
Diego (Aparte.)	(No es nada el equivoquillo. Mi ingenio es todo una chispa.) Quedaos, no paséis de aquí.
Juan	No me excuséis que yo os sirva.
Diego	Yo os iré sirviendo a vos.
Juan	Yo he de lograr esa dicha.
Diego (Aparte.)	(¡Ah, qué bien que se la pego!)
Juan (Aparte.)	(Ya él me ha creído la prima.)

(Vanse don Juan y don Diego. Salen Mosquito y Beatriz, de criada.)

Mosquito	Dame cuatro mil abrazos, ingeniosa Beatricilla, que has hecho el papel mejor que pudiera Celestina.
Beatriz	¿Parecía yo condesa?
Mosquito	¿Qué es condesa? Parecías fregona en patios mayores.
Beatriz	Y si él creyó la postiza, ¿en qué ha de parar el cuento?
Mosquito	Pues eso ¿no lo imaginas? En que te cases con él.

Beatriz	¿Yo? ¡Madre de Dios bendita! Primero fuera beata de aquestas arrobadizas.
Mosquito	Calla, boba, que don Juan, que es a quien le va la vida, lo ha de pagar por entero, y de la paga la liga tomarás tú y yo la media.
Beatriz	Eso de la media explica, porque tiene muchos puntos.
Mosquito	Entremos en casa aprisa, que aquí en el zaguán estamos a riesgo de una avenida.
Beatriz	Vamos, no me vea el viejo.
Mosquito	¿Y hemos de entrarnos a frías? ¿No me darás un abrazo?
Beatriz	Y quince.
Mosquito	¿Con eso envidias?

(Sale don Diego y cógelos abrazados.)

Diego	Grande empresa he conseguido, y escaparme fue gran dicha. Pero ¿qué miro?
Beatriz	¡Ay, Dios mío! Don Diego, y a letra vista,

nos ha cogido.

Mosquito   ¡Jesús!

Diego (Aparte.)   (O estoy loco o juraría
                         que es la condesa.)

(Beatriz dale a Mosquito.)

Beatriz   ¡Villano!
                         ¿Tú a mí engañarme querías?
                         ¡Viven los cielos, traidor,
                         que en ti he de vengar mis iras!

Mosquito (Aparte.)   (¿Qué haces, mujer del demonio?)

Beatriz   ¡Traidor! ¿Tú a engañarme ibas?
                         ¡A una mujer de mi estado
                         le finges alevosías!

Diego (Aparte.)   (¡Viven los cielos, que es ella!)
                         Señora, pues, ¿qué os irrita
                         este pícaro, que os hallo
                         en una acción tan indigna
                         y en tan indecente traje?

Beatriz   Siendo vuestra la malicia,
                         ¿lo dudáis, mal caballero,
                         que con aleves caricias
                         engañáis nobles mujeres?
                         ¿Es bien robarme la vida
                         prometiendo ser mi esposo,
                         estando con vuestra prima
                         para desposaras hoy?

89

Diego (Aparte.)	Señora, ¿quién tal mentira os ha dicho? (¡Vive Dios, que sabe ya la cartilla!)
Mosquito (Aparte.)	(¡Remedíolo bravamente!)
Beatriz	Yo lo sé de quien me avisa de todos vuestros engaños, y por ver vuestra malicia con mis ojos, he venido, llena de ansias y fatigas, disfrazada y sin respeto, donde he sabido que es fija la boda para esta noche.
Mosquito (Aparte.)	(¡Oh gran Beatriz, fondo en tía!)
Diego (Aparte.)	(No es nada lo que obra el talle. ¡Tome, si purga, la niña!) Señora, ¡viven los cielos! que aunque está ya prevenida, es sin mi consentimiento, y porque quedéis vencida, yo haré aquí un remedio breve.
Beatriz	¿Cuál es?
Diego	Daros una firma con tres testigos.
Beatriz	Pues yo, ¿qué he de hacer de ella, ofendida?

Diego	Sacarme por el vicario, si este tío me da prisa.
Mosquito	Esto es peor, que en mentando el ruin, es sentencia fija que ha de cumplirse el refrán. El viejo viene.
Beatriz	Sería gran desdicha que me viera en una acción tan indigna.
Diego	¿Os conoce?
Beatriz	No, mas basta que me vea.
Diego	Pues, aprisa, escondeos.
Beatriz	¿Dónde puedo?
Diego	Detrás de esa puerta misma.
Beatriz	Todo es decente en un riesgo. Mirad que mi honor peligra en que ninguno me vea.

(Vase Beatriz.)

Diego	Si viniera Atabaliba y Montezuma, no os viera hasta costarme la vida. Disimula tú, y finjamos

que bajábamos de arriba.

Mosquito   Pienso que el viejo lo ha visto,
que trae aceda la vista.

(Sale don Tello.)

Tello   ¿Don Diego?

Diego   ¿Tío y señor?

Tello   Es deshecha esa alegría;
¿paréceos acción decente
que en casa de vuestra prima
habléis con una mujer
tapada la tarde misma
que con ella os desposáis?

Diego   ¿Yo mujer?

Mosquito (Aparte.)   (¡Ay Beatricilla!,
que aquí dio fin el enredo.)

Tello   Negarlo es buena salida,
acabando yo de ver
que está en mi casa escondida.

Diego   Mirad, señor, que es engaño.

Tello   ¡Vive Dios!, que si porfía
vuestro desacato, yo
la he de sacar.

Diego   Poca prisa;

porque esta casa es vedada,
y está la guarda a la mira.

Tello   Pues ¿a mí me decís eso?

Diego   A vos y a vuestras dos hijas.

Tello   ¿Yo no he de entrar en mi casa?

Diego   A eso, ni vos ni mi tía.

Tello   Villano, ¡viven los cielos!,
que de tan grande osadía
tomaré satisfacción.

Diego   Aunque perdiera mil vidas,
no habéis de ver esta dama.

(Empuñan las espadas.)

Tello   Pues yo haré que lo permitas.

(Sale doña Inés por la puerta del medio y don Juan por otra.)

Inés   Padre y señor, ¿vos la espada?

Juan   Don Tello, aquí está la mía.

Tello   Para el castigo que intento
sobran armas a mis iras.

Diego (Aparte.)   (¡Esto es peor, vive el cielo!,
que si don Juan ve a su prima,
no tiene salida el lance.)

Tello	Villano, a esa mujercilla sacaré yo de este modo.
Diego	Detente, señor, y mira que esta dama es de don Juan, con mucho estrecho, y peligra su honor y mi vida en esto.
Tello	¿Quién? ¿Esa dama?
Diego	Esta misma.
Inés (Aparte.)	(¡Ah, traidor! ¿Qué es lo que escucho? ¿Esto encubierto tenía?)
Tello (Aparte.)	(¡Buena la intentaba yo! Turbado me ha la noticia.) ¡Cuerpo de Dios! ¡No dijerais que aquesa mujer venía a ampararse a vos de un riesgo! Llamadla e idos aprisa, que yo os guardaré la espalda. Tapaos, señora; y seguidla.
Diego (A doña Inés.)	Señora, venid tras mí. Perdonad, señora prima; que yo con quien vengo, vengo.

(Vase con Beatriz tapada por delante de ellos.)

Mosquito (Aparte.)	(Escapóse Beatricilla; salto y brinco de contento. Mas preciso es que la siga,

94

que librarla de este bobo
es acción no menos fina.)

(Vase Mosquito.)

Tello (Aparte.)   (Detener yo ahora a don Juan,
porque no pueda seguirla.
será lo más importante).
Don Juan, fuerza es que yo siga
a don Diego por si acaso
en este empeño peligra.
Quedaos vos aquí.

Juan   Eso fuera
faltar yo a la deuda mía
sabiendo que va con riesgo.

Tello   Es que para la acción misma
os he menester yo aquí.

Juan   Siendo así, aquí está mi vida
para arriesgarla por vos.

Tello   Mi amistad de vos lo fía.
Hasta que él esté seguro
le guardaré yo esta esquina.

(Vase don Tello.)

Juan   Inés, señora, a este lance
queda mi fe agradecida,
por hablarte con seguro.

Inés   Si eso a engañarme camina,

ya no lo podrás, ingrato;
pues tu traición conocida,
por no dudarla, me ha puesto
el desengaño a la vista.

Juan   ¿Qué es lo que decís, señora?
¿Yo traición? ¿En qué imaginas
que la tenga una fineza
que no hay luz que la compita?

Inés   Pero hay luz que la descubra,
y a bien poca se averigua;
pues es tal tu desenfado,
que tienes dama tan fina
que, ofendiendo tu decoro,
a un hombre que no ha tres días
que está en Madrid, tus finezas
y su liviandad publica.

Juan   Señora, ¡viven los cielos!
que, ajeno de esas malicias,
no puedo entender tu queja
ni sé de qué se origina.

Inés   Pues yo no ajena, don Juan,
de tu traición fementida
y ya más desesperada
negándomelo a la vista,
te lo diré, aunque al decirlo
mayor empeño se siga,
piérdase lo que se pierda,
donde se pierde mi vida.
Esa dama que a su amparo
aquí a don Diego le obliga,

tú eres de quien la recata,
y ella de ti se retira;
y pues sabe un forastero
que es tan tuya que peligra
hallándola tú con otro,
mira si es tu alevosía
tan recatada que al verla
de mucha luz necesita.
Y sabiendo que la he visto,
sabrás que más en tu vida
no has de ponerte a mis ojos,
que yo, pues la culpa es mía
en dar el alma a un traidor,
pues mi suerte me castiga,
obedeciendo a mi padre,
me vengaré de mí misma.

Juan   Oye, señora...

Inés   Es en vano.

Juan   Tente, por Dios.

Inés   Más me irritas.

Juan   Pues ¿no me oirás?

Inés   ¿Qué he de oírte?

Juan   Que ha sido ilusión.

Inés   Mi dicha.

Juan   ¿Quién te ha dicho esos engaños?

Inés	Don Diego, que lo publica, y yo que lo vi.
Juan	¿No sabes su locura?
Inés	Si porfías, harás, don Juan, que en mi ofensa, pase a despecho la ira.

(Vase doña Inés.)

Juan	¡Vive el cielo que este necio ha de costarme la vida! Iré a buscarle y a ver de dónde nace este enigma.

Fin de la jornada segunda

Jornada tercera

(Salen Beatriz, tapada, don Diego y Mosquito.)

Beatriz
Ya será el pasar de aquí
arriesgarme a otro cuidado.

Diego
Compañía de ahorcado
no es, señora, para mí.
Yo os he de dejar segura
y sin lesión ¡vive Dios!
y hasta que lo estéis, con vos
he de ir a Dios y a ventura.

(Hablan aparte Beatriz y Mosquito.)

Beatriz
Mosquito, ¿qué hemos de hacer
si él da en este desatino?

Mosquito
Aquí no hay otro camino
sino arrancar a correr
para escapar de este lobo.

Beatriz
¿No le sabrás tú apartar?

Mosquito
Nadie se sabe librar
de un bobo, sino otro bobo.

Diego
¿Secreto para conmigo?
¿Qué te dice?

Mosquito
Que va agora
la condesa, mi señora,
muy asustada contigo.

Diego	Eso es tomarlo al revés; pues ¿no voy a defendella aunque venga contra ella el Armada del Inglés?
Mosquito	Es que estáis junto a la entrada de su casa y si los dos llegáis, la verán con vos.
Diego	¿Qué importa, si va tapada?
Mosquito	Pues si ven a tu beldad seguirla, ¿no es cosa expresa que han de creer que es la condesa?
Diego	Eso es la pura verdad, pero si dejarla intento cuando de mí se amparó, y sucede algo, estoy yo obligado al saneamiento; y así, es imaginación que yo haga esa liviandad.
Beatriz	¿No veis que eso es necedad?
Diego	Mas que sea discreción, vos no os habéis de ir sin mí, y creed, si esto no os basta, que he de acompañaros hasta el postrer maravedí.
Beatriz	Ya que estáis determinado, venid, pues eso queréis,

y a la puerta no lleguéis.

Diego   No he de ir sino hasta el estrado;
no lo excuséis.

Mosquito   ¡Guarda, Pablo!

Beatriz   ¿Vos en mi casa tras mí?
Pues ¿qué peligro hay allí?

Diego   ¿Qué sé yo lo que hará el diablo?

Mosquito (Aparte.)   (Por aquí la he de escapar.)
Señor, advierte una cosa.
Que esta condesa es golosa
y esto lo hace por entrar
  sola en ese confitero
a comprar dulces sin susto.

Diego   Tiene lindísimo gusto;
a eso entraré yo el primero.

Mosquito   ¿Llevas dinero?

Diego   Ni blanca.

Mosquito   Pues ¿a qué has de entrar allá?

Diego   Pues ¿qué riesgo en eso habrá?

Mosquito   Donde está tu mano franca
  ¿has de consentirla que
pague lo que a comprar va?

Diego	¿Eso dudas? Claro está que se lo consentiré.
Mosquito	¿A la condesa?
Diego	¿Pues no? ¿Eso quieres que la arguya? Ni aun a una criada suya no se lo estorbara yo.
Mosquito	¿Qué dices? Que eso es quedar en una acción afrentosa.
Diego	Hermano, si ella es golosa, ¿téngolo yo de pagar?
Mosquito (Aparte.)	(¡Aquesto es cosa perdida!)
Beatriz	¡Ay, desdichada de mí! Don Juan viene por allí.
Mosquito	¡Su primo, pese a mi vida!
Diego	¿Quién?
Mosquito	Don Juan, de par en par.
Diego	Pues ahora, ¿qué hemos de hacer?
Mosquito	Irnos, y tú defender que no nos pueda alcanzar.
Diego	Y si no puedo atajarle, si acaso viene muy fuerte,

¿qué he de hacer?

Mosquito   Darle la muerte.

Diego   ¿Darle la muerte?

Mosquito   O matarle.

Diego   ¿Y si no trae mal humor
y detenelle por bien
puedo?

Mosquito   Matarle también.

Diego   Pues —¡sus!— manos a labor.

Beatriz   No permitáis que se acabe
de arriesgar la vida mía.

Diego   Váyase vueseñoría,
que ya estoy pensando el cabe.

Mosquito   Detenedle bien.

Diego   Sí haré.

Mosquito   Ya podemos escurrir.

Beatriz   Detenedle sin reñir;

Diego   Sin reñir le mataré.

(Hablan aparte Beatriz y Mosquito.)

Mosquito	Arranquemos a correr
	mientras él queda en arrobo.

Beatriz	¡Jesús! Harta voy de bobo.

Mosquito	No es poco para mujer.

(Vanse Beatriz y Mosquito.)

Diego	A mucho quedo empeñado
	si este hombre en seguirla da.
	Pero bien hecho será,
	que un primo es medio cuñado.

(Sale don Juan.)

Juan	En haberme detenido
	con tal cuidado don Tello
	reconozco que es verdad
	lo que les dijo don Diego;
	y pues aquí le he alcanzado,
	he de averiguar su intento.

Diego	Hombre, mira lo que haces,
	que vas andando y muriendo.

Juan	¿Señor don Diego?

Diego	Don Juan,
	¿qué queréis?

Juan	Buscando os vengo.

Diego	Como no paséis de aquí,

seré muy servidor vuestro
mas si pasáis adelante,
¡por las llaves de San Pedro!
que lo habéis de pasar mal.

Juan   Lo que yo deciros quiero
            aquí os lo puedo decir.

Diego   De vida sois, según eso.

Juan   Vos habéis dicho delante
            de vuestra prima y don Tello
            que aquella mujer tapada,
            que agora os iba siguiendo,
            la recatabais de mí
            por importarme su empeño.
            Yo sé que esto es imposible,
            porque yo en Madrid no tengo
            mujer que pueda importarme
            ni por amor ni por deudo;
            y siendo ansí que es fingido,
            de vos entender pretendo
            para qué fin lo fingisteis.

Diego (Aparte.)   (Esto es peor —¡vive el cielo!—
            porque si él fuera tras ella
            le matara sin remedio,
            porque ya lo había pensado;
            pero matarle por esto
            no lo he pensado, y no es fácil.)

Juan   ¿Qué decís?

Diego   Ya voy a ello.

Señor don Juan, que yo dije
a mi tío ese embeleco
para escaparme de allí
es verdad, y no lo niego;
que lo que yo una vez digo
ha de estar dicho in aeternum.
Pero eso, ¿a vos qué os importa?

Juan   Pues, ¿vos, siendo caballero,
lo dudáis? El que se entienda
que dama o parienta tengo
tan liviana que de mí
anda con otros huyendo.

Diego   Pues si vos sabéis que es falso,
y os asegurais en eso,
¿que importa que yo os lo diga?

Juan   El que no lo piensen ellos;
que la opinión no es lo que es
sino lo que entiende el pueblo.

Diego   Pues, ¿mi tío es pueblo acaso?

Juan   Es parte de él, que es lo mesmo.

Diego   Don Juan, esto no os importa
más de que no tenga celos
Leonor de lo que yo dije,
como es vuestro galanteo.
Remediado esto, ¿habrá más?

Juan   Yo no os pido nada de eso.

Diego	Pues veis aquí que lo dije, que es la verdad; ¿qué remedio?
Juan	Que vos habéis de decir a todos los que lo oyeron el intento que tuvisteis, y que yo os obligo a ello.
Diego	No es nada la añadidura; ¿desdecirme yo? Eso es bueno. Antes me volviera moro.
Juan	Pues aquí no hay otro medio.
Diego	Pues más que nunca le haya. ¡Bien quedaba yo con eso para ir a la plaza en Burgos a hablar con los caballeros, que el toro de las dos madres no hiciera más ruido entre ellos!
Juan	Pues ¿cómo habéis de excusarlo?
Diego	¿Cómo? ¡Por Dios, que me huelgo! ¿Usted me tiene por rana, con dos manos y diez dedos y cinco palmos de espada y libra y media de acero?
Juan	Pues aguardad, y veamos si es más posible otro medio. ¿Esa mujer os importa?
Diego	Y mucho; y a no ser eso,

si ella no me importa, a ella
le importo yo, que es lo mesmo,
porque me quiere que rabia.

Juan   Pues si vos sabéis que es cierto
que ella no me importa a mí,
dadle a entender a don Tello,
con acaso o con industria,
quién es, para que con esto
se sepa que no es mujer
con quien dependencia tengo.

Diego (Aparte.)   (¡Por Dios, que la hacíamos buena!
Que me pida el majadero
que yo publique a su prima!
¡Válgame el diablo el empeño!
Yo no sé cómo él lo oyó,
porque lo dije bien quedo.)

Juan   ¿Os parece esto mejor?

Diego   ¿Vos tenéis entendimiento?
¿Yo manifestar la dama?
No se pide eso a un gallego.

Juan   Pues, don Diego, aquí no hay modo
de excusarse nuestro duelo
porque yo no he de apartarme
de vos sin ir satisfecho.

Diego   Pues veníos a mi lado,
que yo os doy licencia de eso,
(Aparte.)   (como durmamos aparte).

Juan	Pero esto ha de ser riñendo.
Diego (Aparte.)	(¡Mas matarla! Vive Dios que si reñimos por esto, se ha de enojar la condesa; porque es fuerza el empeño de librarla de su primo, y si le mato, la pierdo. Pues matarle si reñimos, ya pienso que lo estoy viendo, que al primer «uñas abajo» se me resbala, y laus Deo.)
Juan	Don Diego, si esto ha de ser, ya es en vano perder tiempo.
Diego	¿En fin, hemos de reñir?
Juan	No tiene el lance otro medio, y si ha de ser...
Diego	Aguardad.
Juan	Pues, ¿qué queréis?
Diego	Que primero protesto que soy forzado, porque importa para el cuento.
Juan	Eso a mí nada me importa.
Diego	¡Válame Dios! Yo me entiendo.
Juan	Sacad, don Diego, la espada.

Diego	Comenzad diciendo el Credo y abreviadle.
Juan	¿Para qué?
Diego	Por no daros hasta el tiempo de la vida perdurable.
Juan	Eso agora lo veremos.

(Sale don Mendo.)

Mendo	¿Qué es esto, primo? ¿Don Juan?
Juan	Los dos tenemos un duelo que nos obliga a reñir y vos, como caballero, no nos lo habéis de estorbar.
Mendo	Si es justo, yo lo prometo.
Juan	Es justo, y él lo dirá.
Diego (Aparte.)	No es sino injusto y muy necio. (Yo me he de escapar del lance, enredando en él a Mendo.) Primo, don Juan galantea, como lo muestra su intento, a nuestra prima Leonor. Yo, por salir sin empeño con una mujer de casa, queriéndola ver mi suegro, que era cosa de don Juan

110

dije a mi tío en secreto,
llegando él a esta ocasión,
por salir de ella sin riesgo.
De esto resulta sin duda
que Leonor de él tenga celos,
y él, para satisfacerla,
que esto no puede ser menos,
quiere que yo me desdiga;
yo le digo que no puedo.
Sobre esto hemos de reñir;
venistes vos a este tiempo,
y no he de reñir yo agora,
porque no es igual el riesgo,
que un primo al lado es ventaja,
como lo dice el proverbio.
Esto supuesto, don Juan,
buscadme vos cuerpo a cuerpo,
que solo yo os reñiré
cuanto fuere gusto vuestro,
menos lo que fuere justo.
Adiós, primo.

(Vase don Diego.)

Juan   Oíd, don Diego.

Mendo   Esperad, señor don Juan,
que ya con mi primo el duelo
no tenéis sino conmigo,
y aquello es después de aquesto.

Juan   ¿Por qué?

Mendo   Porque habiendo causa

de reñir en dos empeños,
de ser llamado, a llamar,
el ser llamado es primero.

Juan   Pues vos ¿por qué me llamáis?

Mendo   Porque yo a casarme vengo
con doña Leonor, mi prima,
siendo vos testigo de ello,
y habiéndoos hecho mi amigo,
galantearla en secreto
es traición, y vos debierais,
a ley de buen caballero,
decírmelo llanamente
antes que yo hubiera hecho
empeño en la voluntad,
que entonces estaba a tiempo
de ver lo que bien me estaba
sin el dolor de los celos.
Y pues esta queja es justa,
salgamos al campo luego,
que allí de esta sinrazón
me satisfará mi acero.

Juan   Si la queja que tenéis
por lo que dijo don Diego,
antes de llamarme al campo
me la hubiérades propuesto,
yo os dejara aquí sin ella.
Mas ya llamado al empeño,
no os quiero satisfacer,
aunque era razón y puedo,
porque después de reñir
quiero que vos, satisfecho,

	sepáis que, por no excusarlo, no os satisfice, pudiendo.
Mendo	Si eso es así, yo os lo pido.
Juan	Ya os respondo que no puedo.
Mendo	Pues vamos a la campaña.
(Sale don Tello.)	
Tello	Tened, ¿dónde vais, don Mendo?
Mendo	Señor, yo a don Juan al campo a divertirnos le ruego que vamos, y este favor recibo de él.
Juan	Yo os lo debo, por serviros. A esto vamos, si dais licencia, don Tello.
Tello	Yo a don Mendo he menester, y de tal divertimiento siento estorbaros el gusto.
(Aparte.)	(En lo que oí y lo que veo en sus semblantes, conozco que iban los dos a algún duelo, y habiéndomelo negado, averiguarlo no puedo. Esto sin duda resulta de aquel lance de don Diego, que no le he podido hallar para saber el empeño.

Estorbarlo aquí es forzoso,
hasta ver el fundamento.)
Don Mendo, veníos conmigo.

Mendo
(A don Juan.)

Voy, señor, a obedeceros.
Forzoso es disimular,
por mi tío, nuestro intento.

Juan

Sois atento, yo os lo estimo,
mas ya faltaros no puedo.

Mendo

Yo en pudiendo os buscaré.

Juan

Forzosamente soy vuestro.

Tello

¿Qué es lo que decís, don Juan?

Juan

Me despido de don Mendo.

Tello

No os despidáis, que también
a vos os pido lo mesmo.

Juan

Iré gustoso a serviros.

Tello (Aparte.)

(Ansí asegurarlo quiero.)
Venid conmigo.

Juan

Ya vamos.

Mendo

Lo dicho, dicho.

Juan

Eso ofrezco.

(Vanse don Tello, don Mendo y don Juan. Salen doña Inés y doña Leonor.)

Inés	Esto pasa, Leonor: don Juan, ingrato, me pagó con tal trato la fe que me debía.
Leonor	Y ¿sabes tú si la verdad sería lo que dijo don Diego?
Inés	Mira tú si es verdad, pues se fue luego, y en su traición vencido, aun no me ha vuelto a ver.
Leonor	Eso habrá sido porque te vio irritar de su porfía, y tú que no te vea le has mandado.
Inés	¿Y por eso no ha vuelto, Leonor mía? 0 no sabe de amor o está culpado; que en celos que despiden al amante nunca habla el corazón sino el semblante. El pecho más furioso y enojado, de celos asaltado, cuando de oír satisfacción se excusa, no la despide porque la rehusa, sino la esfuerza, y cuando la revoca por oír la mayor, no quiere poca; que la mujer de celos más herida que a su amante despida, cuando él vuelve y rendido se le ofrece, aun la satisfacción tibia agradece; porque, cuando es de poco fundamento, no agrada la razón, sino el intento. Yo, Leonor, por mi daño he visto cara a cara el desengaño,

y pues yo de mi culpa soy testigo,
le lograré aunque sea en mi castigo.
Yo a mi padre no tengo resistencia,
mi decoro es la ley de mi obediencia;
a esta atención, aun de él correspondida,
por no faltar perdiera yo la vida,
pues ya que de él estoy tan agraviada,
con mi muerte he de verme castigada.
Hoy a don Diego le daré la mano.
Si tarde he de morir, alivio gano,
pues solo de esta suerte
puedo abreviar los plazos a mi muerte.

Leonor   Pues caso que don Juan te haya faltado,
casarte con un hombre tan privado
de razón y de gusto ¿es buen remedio?

Inés   Para morir más presto, ese es el medio.

Leonor   Don Juan viene aquí dentro.

Inés   Pues, hermana,
yo sé de Amor la condición tirana,
y aunque en mi mismo honor haga el estrago,
lo atropellaré todo por su halago.
Si le veo, aunque sea desatento,
no me he de resolver a lo que intento.
Tú mi resolución le manifiesta,
que yo a esperarte voy con la respuesta.

Leonor   Pues ¿eso intenta tu rigor? ¿No advierte
que él sin duda vendrá a satisfacerte?

Inés   De eso quiero excusarme,

porque más creo que vendrá a engañarme.

Leonor   Pues hasta verlo, espérale siquiera.

Inés   ¿Qué le faltaba a Amor si ver pudiera?

Leonor   En fin, ¿no le has de ver?

Inés   Eso pretendo.

Leonor   Pues yo se lo diré.

Inés (Aparte.)   (De él voy huyendo;
              pero ¿qué les importa a mis enojos
              si dejo el corazón con huir los ojos?
              Pero si vuelvo —¡por quién soy!— no miro
              qué perezosamente me retiro.
              Mucho rigor es este que resuelvo.
              De aquí le oiré, que ni me voy ni vuelvo.)

(Sale don Juan.)

Juan   Llegando don Tello a casa
              nos mandó en ella esperarle,
              y fue a buscar a don Diego;
              sin duda presume el lance.
              Si entretanto hablar pudiese
              a Inés, fuera alivio grande
              de la pena en que me tiene.

Leonor   Señor don Juan, Dios os guarde.

Juan   ¡Hermosa Leonor!

117

Leonor   Mi hermana,
viéndoos pasar delante,
al entrar por esta sala,
se retiró; perdonadme
que os diga que por no hablaros,
que no puedo yo quitarle
a esta noticia forzosa
lo que tiene de desaire.
De dárosla me excusara;
mas me ha obligado a que os hable
por ella, y entre ella y vos
es fuerza que a vos os falte.
Mi hermana, señor don Juan,
no sé si quejas lo causen
o la precisa obediencia
del precepto de mi padre,
—uno u otro o esto solo,
que aunque nazca de ambas partes,
es sin duda que esta ley
será lo que más la arrastre—
hoy se casa con mi primo,
y de esto el retiro nace,
que no fuera justo hablaros
estando en este dictamen
con esta resolución.

Juan   No paséis más adelante,
señora, si no intentáis
que el corazón me traspasen
las flechas que mi desdicha
de mis finezas le hace.
Si eso nace de su queja,
la luz del cielo me falte
o la de sus ojos bellos,

118

que es otra, por más suave,
si he dado causa a su enojo,
y piérdala yo esta tarde
si en mí de otro pensamiento,
aun lo que no es culpa cabe.
Si su primo me ha culpado,
malicioso o ignorante,
cualquier engaño es delito
si no se espera el examen.
Condenar sin causa a un reo
es rigor y, ya que pase,
no otorgarle apelación
es gana de condenarle.
Y si es tan severa ley
el precepto de su padre,
máteme su ejecución,
mas ella no lo adelante.
Muera yo a no poder más,
porque mi estrella me ultraje;
mas no ella, que no es todo uno
que ella o mi estrella me maten.

Inés (Aparte.)   (¡Bien huía yo de oírle!
¡Oh, Amor tirano, cobarde,
a la ofensa tan ligero
como al rendimiento fácil!)

Leonor   Don Juan, a vuestras razones,
aunque muevan mis piedades,
no puedo yo responderlas,
que, aun por consuelo, es en balde.
Esto me mandó deciros
mi hermana, y agora darle
esa respuesta por vos

es cuanto está de mi parte.
A esto voy. ¡Guárdeos el cielo!

Juan   ¿Podré esperar?

Leonor   No se agravie
vuestro amor si no saliere,
que, si no es que ella lo mande,
yo no tengo a qué volver.
Adiós.

Juan   Leonor, escúchame.

(Sale don Mendo al paño, oyendo el postrer verso.)

Mendo (Aparte.)   (¡Válgame el cielo! ¿Qué veo?)

Leonor   ¿Qué dices?

Juan   Pues son crueldades,
que las templéis os suplico.

Leonor   Cuanto está aquí de mi parte,
ya lo sabes, eso haré.

Juan   En fin, ¿no decís que aguarde?

Leonor   No está en mi mano, don Juan.
Esto es fuerza, perdonadme.

(Vase doña Leonor.)

Juan   Pues yo, antes que su rigor,
iré a que mi amor me mate.

Mendo	Para eso está aquí mi espada, cuando ese despecho os falte.
Inés (Aparte.)	(¡Cielos, don Mendo ha venido y salir no puedo a hablarle.)
Juan	¿Qué es lo que decís, don Mendo?
Mendo	Que ya en mi enojo no caben más dilaciones, don Juan, cuando, después de avisarme que amáis a Leonor don Diego, de esa culpa hallo este alarde. Salgamos, don Juan, al campo, que ya, aunque pudierais darme satisfacción muy precisa, no la quiere mi coraje.
Juan	Pues hacéis mal —¡vive Dios!— que ya roto el primer lance, en este por muchas causas os la diera yo bastante.
Mendo	Pues salgamos a reñir.
Juan	Vuestro es el puesto, guiadle.
Inés (Aparte.)	(¿Qué escucho? ¡Válgame el cielo!)
Mendo	A vos os toca ir delante.
Juan	No toca eso sino a vos, que habéis de escoger la parte.

Mendo	Pues venid, si a mí me toca.
Juan	Ya os voy siguiendo.
Inés	¡Ay, pesares! Escuchad, señor don Mendo.
Mendo	¿Quién es?
Inés	Quien, oyéndoos, sale a excusaros ese empeño.
Mendo	No presumo que eso es fácil.
Inés	Sí es, que yo puedo deciros, fiada de vuestra sangre, lo que, de atento, don Juan es forzoso que os recate. Vos al campo le llamáis creyendo que a Leonor ame, y sabed que va a reñir de noble, mas no de amante. Don Juan, señor, ha seis años que, viéndome en el pasaje de México a España, puso los ojos en mí, y él sabe los desdenes, los rigores que llora su amor constante, hasta ganarme licencia para pedirme a mi padre. Desde aquí les di a mis ojos licencia para agradarse de verle y a los oídos

del contento de escucharle;
pero no a pasar de aquí,
porque el mismo Sol no arde
en tan puros esplendores
como él recatos me aplaude;
que aunque confieso que tuve
inclinación a sus partes,
a su atención, su fineza,
en la mujer noble nace
la inclinación y el agrado
tan dentro de los umbrales
de su decoro que apenas
el que la logra lo sabe.
E inferid con la pureza
que pudo serme agradable
la asistencia de su amor,
pues siendo ya, por mi padre
y vuestro primo, imposible
que yo con don Juan me case,
sin escrúpulo lo dice
una mujer de mi sangre.
Esto supuesto, don Mendo,
conoceréis cuán de balde
vuestro temor os provoca,
cuando don Juan es mi amante.
De esto no os quedará duda,
porque fuera error notable
presumir que una mujer
de mi obligación os llame
y, compasiva del riesgo
que ve en reñir dos galanes,
quiera fingirse un desdoro
para excusarlos un lance.
La fineza que don Juan

por mí en su silencio añade,
se la pago en publicar
lo que en él fuera desaire.
Y a vos os pido, en albricias
de que sé que Leonor hace
tanta estimación de vos
como es justo que ella os pague,
que, cesando esto, no solo
de este caso no se hable,
mas, quedando en vuestro oído,
a la memoria no pase.
Y vos, don Juan, pues ya veis
el empeño de mi padre,
y que vuestra petición
no se previno a ser antes,
olvidad vuestro cariño,
que en los hombres es muy fácil.
Digo fácil iay de mí
es pena más tolerable,
porque ellos pueden tener
sin culpa las variedades.
Y si esto os cuesta dolor,
que lo imposible lo aplaque
o el retiro le mitigue
o el sufrimiento le sane
o para que se la lleve,
dad vuestra esperanza al aire,
que, a ser el de mis suspiros,
yo sé que fuera bastante,
porque yo, siendo forzoso,
para el plazo de esta tarde
he dispuesto mi obediencia,
como debo. Dios os guarde,
que yo, dejándoos amigos,

como es deuda en pechos tales,
voy contenta de haber sido
el iris de vuestras paces.

Mendo   Oíd, señora, escuchad,
que en un alivio tan grande
como el que de vuestro aviso
a mis esperanzas nace,
os debo yo, agradecido,
fineza que las iguale.

Inés   ¿Vos fineza a mí? ¿En qué modo?

Mendo   En hacer que vuestro padre,
sea o no contra mi primo,
a vos con don Juan os case.

Inés   Esa fineza es por él,
si él la solicita amante,
que para mí no es lisonja.

Juan   Señora, pues, ¿tanto vale
el crédito de un engaño,
que por él así me trates?
Y agora, que estando ya
don Mendo de nuestra parte,
no importa que esto más sepa:
seguí a don Diego, y él sabe
que confesó en su presencia
que solo porque tu padre
no viese aquella mujer.

Inés   No vais, don Juan, adelante,
que aqueso es satisfacción,

(Aparte.)	y aquí no os la pide nadie. (¡Oh, lo que miente el recato!)
Mendo	Señora, si de eso nace algún descontento vuestro, yo, por hallarme delante, soy testigo que don Juan no la conoce ni sabe quién es, y que él lo fingió.
Inés	Eso, don Mendo, es tratarme con más llaneza que es justo. Don Juan, ni mujer, ni nadie me ha dado desabrimiento; pues ¿por qué me satisface?
(Aparte.)	(¡Quiera amor que sea verdad, que, aunque le pierda, es suave!)
Juan	Si tu enojo lo publica, ¿qué importa que lo recates?
Inés	Por no oír eso me voy.
Juan	Señora, escucha un instante.
Inés	¿Qué me queréis?
Juan	Esto solo. Si don Mendo malograse la dicha que ha prometido, ¿será tu amor de mi parte?
Inés	¿Yo amor? No sé qué es amor. Después de que yo me case

sabré de eso, que ahora ignoro.

Juan   Aunque en mi pena lo calles,
                lo permitirá tu agrado.

Inés   Mirad que viene mi padre.

Mendo   Retirémonos, don Juan.

(Vase don Mendo.)

Juan   Ya yo os sigo; id vos delante.
                Señora, no me permitas
                que con tal dolor me aparte
                de tu presencia.

Inés   Don Juan,
                ¿qué me quieres? ¿Ya no sabes
                los pesares que me cuestas?

Juan   Pues ¿ya no ves de qué nacen?

Inés   ¿Qué importa el verlo al perderte?

Juan   ¿Eso no puede enmendarse?

Inés   ¡Pluguiera al cielo pudiese!

Juan   ¿Qué dices?

Inés   Que no te pares.

Juan   Eso es desvío.

Inés	Es temor.
Juan	¡Qué pena!
Inés	Que entra mi padre.
Juan	¡Mal haya el peligro!
Inés	Amén.
Juan	Quédate a Dios.

(Vase don Juan.)

Inés	Él te guarde.

(Sale Beatriz.)

Beatriz	¿Señora?
Inés	Beatriz, ¿qué es eso?
Beatriz	Con el viejo en este instante, si no corro doy de hocicos.
Inés	¿Dónde has estado esta tarde?
Beatriz	Señora, en un gran empeño.
Inés	¿Qué ha sido?
Beatriz	Fui a echar los naipes porque don Diego te deje y, según las cartas salen,

o mentirá el rey de bastos
o no ha de querer casarse.

Inés   ¿Crédito das a esas cosas?
                ¿No ves que son disparates?

Beatriz   Pues ¿un rey ha de mentir?

Inés   Deja esas vulgaridades.

Beatriz   Tú verás en lo que para.
                Mas dejando esto a una parte,
                ¿hasta cuándo ha de durar
                el estar yo, por mis paces,
                de embozada en el retiro,
                que es ya cosa intolerable?

Inés   A mi padre hablaré agora.

Beatriz   Pues él y Mosquito salen,
                y más que vienen hablando
                en el caso de los naipes.

Inés   ¿Qué dices? Pues ¿eso es cierto?

Beatriz   Tú verás lo que ello pare,
                y si quieres entenderlo,
                retírate aquí un instante.

Inés   Harélo, aunque es desatino,
                por ver en ello a mi padre.

(Salen don Tello y Mosquito.)

Tello	Tú has de saber de este caso todo lo que en ello hubiere.
Mosquito	Señor, cuanto yo supiere lo diré más que de paso.
Tello	Pues yo te hallé en el zaguán, ¿quién era aquella mujer?
Mosquito	La condesa era, a mi ver.
Tello	¿Quién?
Mosquito	La prima de don Juan.
Tello	¿Qué dices?
Mosquito	Como ahora es día, la vi ella por ella expresa.
Tello	¿La condesa?
Mosquito	La condesa condada, su señoría.
Tello	¡Válgame Dios!
Mosquito	Y a mí y todo.
Tello	De gran empeño salí estando don Juan allí.
Mosquito	¿Y yo no andaba en el lodo?

(Hablan Beatriz y doña Inés aparte.)

Beatriz   Verás lo que se alborota.

Inés   Pues ¿qué semejanza tiene
con los naipes que previene
la condesa?

Beatriz   Ésa es la sota.

Inés   ¡Cielos! Yo mi desengaño
agradezco haber sabido.

Tello   Mosquito, estoy aturdido
de un suceso tan extraño.
     Pues ¿ella buscóle a él,
o cómo llegó allí a estar?

Mosquito (Aparte.)   (¡Cielos! ¿Cómo he de escapar
de aqueste viejo cruel
     que a dudas me ha de moler
y se aventura el enredo?
Mas solo librarme puedo
no dejándome entender.)
     Yo señor, al conocella
la vi que al zaguán entró,
y un pobre entonces llegó,
que no dio limosna ella.
     El pobre pasó adelante,
don Diego vino tras él,
y repitiendo el papel
vino el pobre vergonzante.
     Traía un vestido escaso
de color, y Dios me acuerde

que no era tal, sino verde.

Tello   ¿Pues el vestido es del caso?

Mosquito   Habiendo el pobre salido,
vino la condesa luego,
y cuando vino don Diego,
vino porque había venido.

Tello   ¿Quién había venido?

Mosquito   Él.

Tello   Luego, ¿ella le fue a buscar?

Mosquito   No, señor, porque al entrar
ella entraba con aquél,
    y el pobre, que entraba cuando
entraba él, no llegó.

Tello   Pues ¿quién era aquel que entró?

Mosquito   Eso es lo que voy contando.
    Entró ella, y cuando entraba
entró el pobre, y fue don Diego,
y como entró con sosiego,
después de entrado allí estaba.
    Y de esto se quedó loco,
porque entraba muy esquivo.

Tello   No lo entiendo ¡por Dios vivo!

Mosquito   Pues eso, ni yo tampoco.

Inés	Beatriz, ¿qué es lo que está hablando Mosquito?
Beatriz	Los naipes son.
Inés	Pues ¿qué es esta confusión?
Beatriz	¿No ves que está barajando?
Tello	¿Quién a quién vino a buscar?
Mosquito	Luego, ¿no lo has entendido?
Tello	No, ni explicarte has sabido.
Mosquito	Pues vuélvotelo a explicar. Él buscó a quien le buscaba, porque ella buscando vino, y buscando de camino él buscó lo que allí estaba, y el pobre que los buscó no buscó duelos ajenos.
Tello	Agora lo entiendo menos.
Mosquito	Pues ¿qué culpa tengo yo?
Tello	Tú has de apurar mis enojos. ¿Qué dices?
Mosquito	¿Hay tal rigor? ¡Viven los cielos, señor, que lo vi con estos ojos!

133

Tello	¿Qué es lo que viste?
Mosquito	Esta historia.
Tello	¿Qué historia? Que en tu torpeza no tiene pies ni cabeza.
Mosquito	Pues no será pepitoria.
Tello	¿Sabes tú si él de ella es dueño, o tiene empeño?
Mosquito	¿Hay tal? Como yo no soy su mayordomo, ¡qué sé yo si tiene empeño!
Tello	Anda vete, mentecato, que eres un simple.
Mosquito (Aparte.)	(Eso quiero.)
Tello	¿Para qué apuro yo dudas donde me avisa un ejemplo? No hay honra puesta en mujer segura de aquestos riesgos; y hoy, pues me la da este acaso, lograr el aviso quiero casando luego a mis hijas.
Inés	Beatriz, aunque yo no entiendo a Mosquito, el desengaño he logrado de mis celos, y en albricias, salgo a hablar por ti a mi padre.

134

Beatriz   Eso espero.

Inés   Padre y señor.

Tello   Inés mía,
                  ¿quién viene contigo?

Inés   El ruego
                  de Beatriz me ha condolido:
                  por ella a pedirte vengo
                  que vuelvas a recibirla.

Tello   Si es tu gusto, ¿cómo puedo
                  negártelo? Quede en casa.

(Sale don Diego al paño.)

Diego   A decir vengo resuelto
                  a mi tío que disponga
                  de mi prima, pues yo tengo
                  mejor boda en la condesa.

Inés   Ya se logró tu deseo.
                  agradécelo a mi padre.

Beatriz   Los pies mil veces te beso.

Tello   Ya tú quedas recibida,
                  y yo de ello muy contento.

(Hablan aparte Mosquito y Beatriz.)

Mosquito (Aparte.)   (¿Qué es lo que miro? ¡Ay, Jesús,

	que hemos dado con los huevos
	en la ceniza, Beatriz!)

Beatriz   ¿Qué es lo que dices?

Mosquito   Don Diego
está viendo esta función.

Beatriz   Salióse todo el puchero.

Tello   Inés, ven a prevenirte,
que ya todo está dispuesto,
y os habéis de desposar
luego que venga don Diego.

(Vase don Tello. Hablan aparte doña Inés y Beatriz.)

Inés   ¡Ay de mí, Beatriz! ¿Qué dices?

Beatriz   Vete, señora, allá dentro,
que estoy en un gran conflicto,
y estriba en él tu remedio.

Inés   Sin vida voy a esperarte.

(Vase doña Inés.)

Beatriz   ¡Villano, no hagas extremos
viendo mi resolución,
que con amor no hay respetos!
Yo he de ser de su traición
testigo estando aquí dentro,
y aquí he de ver si a mis ojos
se atreve el falso a ofendellos.

Mosquito (Aparte.)	(¡Jesús, qué bien la ha enhebrado!) Señora, pues ¿tú haces eso? ¿Una mujer de tus prendas se finge humilde, en desprecio de su honor y se acomoda por criada de don Tello, que puede ser tu lacayo?
Beatriz	El Amor dora los yerros; yo he de ver con esta industria si se casa o no don Diego.
Diego (Aparte.)	(Señores, ¿qué es lo que escucho? Mil cruces me estoy haciendo. ¡Y dirán que no me alabe! Un testimonio de aquesto tengo de enviar a Burgos.)
Mosquito	Y ¿qué ha de decir don Diego si esto ve?
Beatriz	¿Qué ha de decir? El alma ¡viven los cielos! le he de sacar si se casa. Déjame ya o mi despecho dará voces como loca.
Diego	Señora, oíd, deteneos.
Mosquito	¡Ay, señor, pues has venido, mira qué locura ha hecho! ¡Témplala, que está hecha un tigre!

Beatriz	Y un basilisco, un veneno.
	Aquí vengo a ver, traidor,
	si se hace hoy el casamiento.
Diego	¿Qué casamiento? Pues yo,
	¿no sabéis ya que soy vuestro?
Beatriz	No fío de eso, tirano.
Diego	Pues ¿de qué fiáis?
Beatriz	De mi incendio,
	que ha de abrasar esta casa
	si aquí ofendida me veo.
Diego (Aparte.)	(Señores, ¿esto es encanto?
	¿Mi talle es pacto secreto?)
	Señora, pues ¿no advertís
	que yo permitir no puedo
	esto, siendo vuestro esposo?
Beatriz	No hay que tratar; yo he de verlo.
Diego	¿Qué habéis de ver?
Beatriz	Si esta noche
	te casas.
Diego	No temáis eso.
Beatriz	No puede un amor que es fino...
Diego	Pues ¿el lustre?

Beatriz	Todo es menos.
Diego	¿Y el decoro?
Beatriz	No hay decoro.
Diego	¡Por Dios, que os volváis!
Beatriz	No quiero.

(Sale don Tello.)

Tello	¡Hola! ¿Qué voces son éstas?

(A don Diego.)

Mosquito	(Señor, por tu honor te ruego que disimules agora.) Señor, el señor don Diego de mi señora está hablando.
Tello	¿Qué habláis, sobrino? ¿Qué es esto?
Beatriz	Señor, me dice que diga...
Tello	¿Qué has de decir tú? ¡Esto es bueno! Apenas te han recibido ¿y empiezas ya a hacer enredos?
Diego (Aparte.)	(¿Y he de sufrir yo que trate este vejezuelo clueco a mi mujer de este modo?)
Mosquito	(¡Disimula, por San Pedro!)

Beatriz	Yo, señor, no enredo nada.
Tello	Éntrate, loca, allá dentro.
Diego (Aparte.)	(Tú lo eres, y tu alma, y mientes como mal viejo.)
Mosquito	(Sufre, señor, que te pierdes.)
Tello	¿No te vas?
Beatriz	Ya te obedezco.
Diego	¡Vive Dios!...

(Hablan aparte don Diego y Beatriz.)

Beatriz	Calla, cruel.
Diego	¿Qué dices?
Beatriz	Que ahora veremos si te casas.
Diego	¿Eso dudas?
Beatriz	A oírlo voy.
Diego	Yo me huelgo.
Beatriz	Pues aquésta es la ocasión.
Diego	Aquí lo verás.

(A ellos.)

Tello   ¿Qué es eso?

Beatriz   Hacer lo que me han mandado.

(Vase Beatriz.)

Tello   Llama a tus señoras luego.

Diego (Aparte.)   (Más señora es ella que ellas,
                         lo que va de mí a un cochero.)

Tello   Sobrino, con vuestras cosas
                         estoy en tanto desvelo
                         que hasta veros desposados
                         yo no he de tener sosiego.
                         Todo está ya prevenido,
                         y solo a vos os espero
                         por salir de este cuidado.

Diego   ¿De tanto gusto es ser suegro
                         que a serlo os dais tanta priesa?
                         ¿No es mejor, pues estáis viejo,
                         que lo dilatéis un poco
                         y os dure el oficio menos?

Tello   ¿Qué es dilatarlo, o por qué?

Diego   Por unos días, que aquesto
                         no ha de ser cochite hervite,
                         que una boda no es buñuelo.

Tello	¿Qué días?
Diego	Cuatro o seis años, que ello se hará, andando el tiempo.
Tello	¿Qué llamáis cuatro o seis años? Ni una hora, ni un momento, luego os habéis de casar.
Diego	Pues yo casarme no puedo.
Mosquito (Aparte.)	(Acabóse, esto dio lumbre.)
Tello	¿Qué decís, que no os entiendo?
Diego	Que no me puedo casar. ¿Lo entendéis agora?
Mosquito (Aparte.)	(Menos.)
Tello	¿Por qué?
Diego	Porque soy casado.
Mosquito	Y yo soy testigo de ello.
Tello	¿Vos casado?
Diego	In facie Ecclesiae.
Tello	Pues ¿con quién?
Diego	Eso no puedo decir, porque es un amigo.

Tello	Pues, villano —¡vive el cielo!— que en ti he de tomar venganza de tan osado desprecio.
Mosquito	¡Ay, señores, que se matan!

(Salen por una parte doña Inés y doña Leonor; por otra, don Juan y don Mendo.)

Juan	¿Qué es esto, señor don Tello?
Mendo	Tío, ¿qué es esto?
Inés (Aparte.)	(¡Ay, Leonor, que mi muerte estoy temiendo!)
Leonor	Padre, ¿que enojo os irrita?
Tello	Un agravio de don Diego, que dice que está casado, cuando yo darle prevengo a mi hija por esposa.
Mendo (Aparte.)	(Esto es que tomó el consejo de doña Inés y lo excusa valiéndose de este medio; mas yo en favor de don Juan he de enmendar el empeño.) Tío, aunque don Diego ha dicho que está casado, no es cierto. Él, después que vino, supo que don Juan tenía intento de pediros a mi prima;

y él ha sido tan discreto,
que lo calló enamorado,
por veros en otro empeño.
Don Diego por él lo deja.

Diego   No lo dejo tal por eso,
sino porque estoy casado,
digo otra vez, y no puedo;
¿quiere usted que me encorocen?

Tello   Hagáislo o no por aquello,
don Juan, ¿es esto verdad?

Juan   Yo, señor, si la merezco,
no aspiro a mayor ventura
que la de ser hijo vuestro.

Tello   Yo me honro mucho con vos,
y el castigo más severo
de este necio es que la pierda.
Dadle a Inés la mano luego.

Juan   Con el alma y con mil vidas.

Inés   Con otras tantas le aceto.

Tello   Vos, Mendo, dadla a Leonor.

Leonor   Con gozo se la prevengo.

Diego   Pues ahora verán mi boda,
supuesto que ésas se han hecho.

Mosquito   Antes se ha de ver la mía.

144

Señor, yo hago lo que veo;
Beatriz se casa conmigo.

Tello   Yo darla el dote prometo;
dila que salga acá afuera.

Mosquito   Señor, tened a don Diego,
porque no me descalabre;
que aquí se acaba el enredo.
¡Ah, Beatriz! Dame esa mano.

(Sale Beatriz.)

Beatriz   Yo, aunque indigna, te la ofrezco.

Diego   ¡Ah, pícaro! ¿A mi mujer
tienes tal atrevimiento?

Tello   ¿Qué mujer?

Diego   Ésta que veis
es mi mujer.

Tello   ¡Bien, por cierto!
¿Y por aquesta criada
dejáis a mi hija?

Diego   ¡Esto es bueno!
¿Qué criada? Que es condesa,
y se disfrazó de celos.
Descubríos ya, señora.

Beatriz   Yo descubriros no puedo
más de que soy Beatricilla

	y vos el lindo don Diego.

| Diego | Pues ¿cómo es esto? |

| Mosquito | Mamóla. |

| Diego | Villano —¡viven los cielos...!— |

| Mosquito | Aquí no hay a qué apelar;
que no lo sufriera el pueblo. |

| Diego | Pídase si quedo mal. |

| Mosquito | Y castigado este necio
a gusto de los oyentes,
aquí, con aplausos vuestros,
dichosamente el poeta
da fin al lindo don Diego. |

Fin de la comedia

Libros a la carta

A la carta es un servicio especializado para
empresas,
librerías,
bibliotecas,
editoriales
y centros de enseñanza;
y permite confeccionar libros que, por su formato y concepción, sirven a los propósitos más específicos de estas instituciones.

Las empresas nos encargan ediciones personalizadas para marketing editorial o para regalos institucionales. Y los interesados solicitan, a título personal, ediciones antiguas, o no disponibles en el mercado; y las acompañan con notas y comentarios críticos.

Las ediciones tienen como apoyo un libro de estilo con todo tipo de referencias sobre los criterios de tratamiento tipográfico aplicados a nuestros libros que puede ser consultado en Linkgua-ediciones.com.

Linkgua edita por encargo diferentes versiones de una misma obra con distintos tratamientos ortotipográficos (actualizaciones de carácter divulgativo de un clásico, o versiones estrictamente fieles a la edición original de referencia).

Este servicio de ediciones a la carta le permitirá, si usted se dedica a la enseñanza, tener una forma de hacer pública su interpretación de un texto y, sobre una versión digitalizada «base», usted podrá introducir interpretaciones del texto fuente. Es un tópico que los profesores denuncien en clase los desmanes de una edición, o vayan comentando errores de interpretación de un texto y esta es una solución útil a esa necesidad del mundo académico.

Asimismo publicamos de manera sistemática, en un mismo catálogo, tesis doctorales y actas de congresos académicos, que son distribuidas a través de nuestra Web.

El servicio de «libros a la carta» funciona de dos formas.

1. Tenemos un fondo de libros digitalizados que usted puede personalizar en tiradas de al menos cinco ejemplares. Estas personalizaciones pueden ser de todo tipo: añadir notas de clase para uso de un grupo de estudiantes, introducir logos corporativos para uso con fines de marketing empresarial, etc. etc.

2. Buscamos libros descatalogados de otras editoriales y los reeditamos en tiradas cortas a petición de un cliente.

www.ingramcontent.com/pod-product-compliance
Lightning Source LLC
LaVergne TN
LVHW091220080426

835509LV00009B/1089